Salomon · Die nachexpressionistische Dichterjugend

AF198790

Peter Salomon

Die nachexpressionistische Dichterjugend

Eine Bibliographie

Klaus Isele Editor

Replik 12

Herstellung und Verlag:
BoD – Books on Demand, Norderstedt
ISBN 978-37460-9262-1

Vorwort

Keine Literaturepoche ist so intensiv und anhaltend erforscht worden wie das expressionistische Jahrzehnt 1910 bis 1920 (plus/minus drei Jahre). Also nicht nur die Großmeister, sondern auch die Autoren der zweiten und dritten Reihe sind in den letzten Jahrzehnten bedacht und zumeist auch neu oder sogar erstmals gedruckt worden. Eine der Triebkräfte der Wissenschaftler besteht darin, das große Unrecht zu lindern, das diese Generation durch zwei Kriege und die Naziverfolgung erlitten hat. Dabei kam und kommt der Wiederentdeckung zugute, daß die Druckwerke des Expressionismus in der Regel von hoher Qualität und Stabilität sind. Es gab von Anfang an Sammler, die den Wert zu schätzen wußten und die Bücher über die wirren Zeiten gerettet haben.

Über das Interesse am Expressionismus wurde jedoch die nachfolgende Dichter-Generation bis heute übersehen, ja mißachtet. Es sind dies die Jahrgänge um 1900 (plus/minus), die zu jung waren, um am Expressionismus teilzunehmen, als dieser noch florierte. Und als sie anfingen, Autoren zu werden, also so um 1923, hatte die expressionistische Bewegung abgewirtschaftet, und das Interesse der Leserschaft an junger Literatur war erlahmt. Dazu kamen die wirtschaftlichen Folgen des Ersten Weltkrieges und die Weltwirtschaftskrise, welche die Finanzkraft der Verleger und der Leser minimierte. Es war kein Geld da, um hochwertige Bücher zu produzieren, und es fehlte auch an Geld, um selbst bescheidenere Werke zu kaufen. Die Veröffentlichungsmöglichkeiten für junge Autoren waren schlecht.

Trotzdem entstand neue Literatur, und sie wurde auch veröffentlicht. Die Autoren schlossen sich zu »Notgemeinschaften« zusammen. Man begnügte sich mit dünnen Broschüren in kleinen Auflagen, die verglichen mit expressionistischen Titeln zumeist »billig« wirken und Sammler nicht unbedingt anspringen. Gleichwohl ist in der Rückschau (wenn man denn solche Titel vorliegen hat) eine neue Handschrift der Verleger und der Autoren zu sehen. Man machte viel aus den beschränkten Mitteln.

Wer sich unter den Jungen gleichwohl halbwegs durchsetzen konnte, dem blieb keine Zeit zur Vervollkommnung, weil die Nazizeit und der Zweite Weltkrieg den eingeschlagenen Weg zerstörten. Ein Teil der jungen Autoren wurde selber Nazis, der andere wurde von diesen verfolgt oder entzog sich ins Schweigen.

Und als dann ab 1960 die Wiedergutmachungsarbeit begann, wurde der bis heute attraktivere Expressionismus bevorzugt, ja fast ausschließlich beforscht. Dabei gibt es auch in der nachexpressionistischen Generation Dichter und Bücher zu entdecken, die interessant sind und heute noch etwas zu sagen haben. Es ist also nicht nur eine historische Pflichtaufgabe, sich dieser Literatur zuzuwenden, es macht auch Freude.

Ich selbst habe mich zwischen 1968 und 1993 ausschließlich für den Expressionismus interessiert (neben der Gegenwartsliteratur). 1993 war ich in Zürich, um in Antiquariaten zu stöbern, die es vor dem Online-Handel noch zahlreich gab. In dem Antiquariat von André Grab (einem Nachkommen von Herrmann Grab) lag im Schaufenster zwischen expressionistischen Titel, die ich kannte, das apart aufgemachte Büchlein eines mir unbekannten Autors, das noch expressionistisch wirkte: »Auf flammender Brücke« von einem Walter G. Oschilewski. Auf dem Umschlag eine stark stilisierte (reduzierte) Brücke, knallrot koloriert. Da ich immer unterwegs war, um möglichst Unbekanntes, Abseitiges aufzustöbern, zog mich das Buch an. Erstaunt war ich, daß es aus dem Karl Rauch Verlag Dessau stammte und das Datum 1924 trug; der Autor war Jahrgang 1904, konnte also kein Expressionist mehr sein. Ich kaufte das Buch trotzdem, und dies war die Initialzündung für mein Interesse an dem Jahrzehnt nach dem expressionistischen Jahrzehnt, also etwa von 1923 bis 1933.

Das Sammeln auf diesem Gebiet war ungleich schwieriger. Es gab keine Bibliographie, an der man sich hätte orientieren können. Auf dem Gebiet des Expressionismus gab es seit 1985 das Handbuch von Paul Raabe, in dem der Kanon der wichtigsten Expressionisten versammelt war; immerhin mehr als 350 Autoren (in der 2. Auflage). Ich benutzte es zum Schluß hauptsächlich dafür, um nachzuschauen, ob ein Autor meines Interesses dort nicht verzeichnet war, denn ich suchte zuletzt nur noch das noch Unbekannte. Von daher hatte ich schon gewisse Erfahrungen gesammelt und ein Gespür entwickelt, wie man an Bücher herankommt, die man nicht kennt und die dennoch mit großer Wahrscheinlichkeit in die Sammlung passen. Glücklicherweise gab es nach 1993 noch viele Antiquare mit Ladengeschäft, in dem man die Bücher genau beschauen konnte. Aber auch wenn man auf die damals häufigen Antiquariats-Kataloge oder später die Internet-Kataloge angewiesen war, gab es Anknüpfungspunkte. Zunächst einmal das Alter des Autors und das Erscheinungsjahr des Buches. War der Autor jung genug? Wurde das Buch im gesuchten Zeitraum verlegt?

Besonders Anthologien und Zeitschriften waren eine ergiebige Quelle, um an Autorennamen und Bücher heranzukommen. War ein unbekannter Autorenname mit einem guten, zeittypischen Text gekoppelt, so notierte ich den Namen und schaute, ob es von diesem Autor auch Bücher gab. Zuerst halfen die frühen Bände des Kürschner weiter, später konnte man die Namen googeln. Oft gab es in Zeitschriften kleine Buchbesprechungen, oder Bücher waren annotiert; und in den Anthologien fanden sich häufig am Ende Autorennotizen, die weiterhalfen.

Sprechend waren oft auch die Titel: großsprecherisch im Expressionismus, zurückgenommener im Jahrzehnt danach. Wenn man aus einem Verlag schon ein oder mehrere Bücher kannte, die die Suchkriterien erfüllten, bestand eine gewisse Chance, daß auch das Buch, auf das man es abgesehen hatte, in die Sammlung passen könnte. Aufschlußreich war auch die Titelgestaltung: zwischen 1923 und 1933 oft neusachlich, die Schrift nicht mehr Fraktur, sondern Grotesk. Letztendlich mußte man den Kauf einfach wagen; schlimmstenfalls, wenn das Buch teuer war und überhaupt nicht paßte, konnte man es zurückschicken. Hilfreich waren auch Telefonate mit dem Antiquar. Ich bat dann, das Buch zum Telefon zu holen und stellte Fragen oder ließ mir das Inhaltsverzeichnis vorlesen. Kam irgendwo ein Auto, ein Flugzeug, eine Litfaßsäule, der Bahnhof und die Großstadt vor, Dirnen, Zuhälter, Arbeitslose, Sekretärinnen – dann kam das Buch in Betracht. Waren aber die Gedichte den Müttern, der Madonna, dem Herrgott oder dem Wald gewidmet, so stand zu befürchten, daß es sich um konventionelle, abgelebte Lyrik handelte. Trotzdem konnte man sich täuschen. Der Gedichtband »Die eherne Lyra« (1934) von Fritz Brainin (1913-1992) klang so, als ob der Autor eine Rolle rückwärts gemacht hätte; denn sein erster Band »Alltag«, 1929 im Verlag der neuen Jugend erschienen, war so modern, wie der Titel versprach. Nur weil der Umschlag der »Lyra« noch halbwegs modern anmutete, befragte ich den Antiquar genauer und erfuhr, daß der Autor in puncto Zeitkritik und Formsicherheit noch zugelegt hatte. Den »altfränkischen Titel« hatte er extra gewählt, um völkische Kritiker zu täuschen. Der Titel sollte den ewig Gestrigen signalisieren, daß hier ein junger Neuerer wieder zum Maß zurückgefunden hätte. Es half nicht, der verfolgte jüdische Dichter mußte wenig später in die USA emigrieren.

Ein gewisses Problem hatte ich bei dem neuen Sammelgebiet damit, daß es in die Nazizeit hineinreichte. Bei schönen Gedichtbänden, die ich erworben hatte, stellte ich später fest, daß der jeweilige Autor zum Nazi geworden war. Andere waren es schon ganz früh gewesen, bei manchen wußte ich es, und dann fiel mir ein guter Gedichtband in die Hand, dem man von der politischen Ausrichtung des Autors nichts anmerken konnte. Sollte ich ihn kaufen? Schließlich gab es noch wenige Fälle von sozusagen guter Nazi-Kunst. Man denkt ja, das gibt es nicht, Nazi-Kunst sei immer schlecht, kitschig und dumm. Aber zum Beispiel gibt es den Gedichtband eines Rupert Rupp (geb. 1908): »Die brennende Erde« (1933), sein Erstling. Der Mann war NS-Abteilungsleiter der Reichsstudentenführung. Ein sehr guter Lyriker, teilweise noch etwas dem Expressionismus verhaftet. Der Band enthält 60 Gedichte, und alle beschwören mit kraftvoller Sprache und drastischen Bildern die Vernichtung der Städte und Menschen auf alle denkbaren Arten. Sowas hatte ich noch nie gelesen. Wirklich ein gutes, sehr böses Buch. Sollte ich etwa von alldem die Finger lassen? Beim Expressionismus konnte man ja das Gefühl haben, die Dichter seien alle gute, anständige Menschen gewesen, die sich sogar mit dem All verbrüdern wollten. Beim Jahrzehnt danach bekam man mit, wie sich binnen kurzem Menschen zum Negativen ändern konnten. Es bedurfte einer Zeit der »Gewöhnung«, bis mir die Bücher nazistisch angehauchter Autoren nicht mehr so eklig waren und ich nicht länger mit dem Gedanken spielte, sie »auszusondern« und in meiner

Zweitwohnung aufzustellen, die als Archiv und Bibliothek dient. Inzwischen steht sogar Joseph Goebbels' Tagebuchroman »Michael« (1929) wie jedes andere Buch in der Sammlung, zwischen Emil Ginkel und Albrecht Goes. Jahrelang war es ausgelagert und lag mit Hitlers »Mein Kampf« in einer Kommode der Archiv-Wohnung. Bei den meisten Büchern weiß ich natürlich gar nicht, wie sich die Autoren in der Nazizeit verhalten haben. Ich forsche nicht extra in diese Richtung. Erfahre ich etwas, vermerke ich es auf Zetteln, aber nicht in den Büchern. Die Bücher werden nicht markiert, und in die nachfolgende Bibliographie habe ich auch keine entsprechenden Vermerke aufgenommen. Wer für dieses Thema ein spezielles Interesse hat, muß selber forschen. Es geht hier um eine erste Bestandsaufnahme der Literatur einer Generation. Diese und die Autoren sind bislang so unerforscht, daß ich nicht übereilte Urteile über einen Makel abgeben will, der ja zu den schlimmsten gehört, die unsere Gesellschaft zu vergeben hat.

Die vorliegenden Bibliographie beschränkt sich vollständig auf meine Sammlung, die ich in 25 Jahren zusammengetragen habe. Titel aus Antiquariatskatalogen abzuschreiben, ist zu riskant, da nur eine genaue eigene Autopsie klärt, ob das Buch zur Sammlung paßt oder nicht. Es fehlen einige bekannte Autoren, wie zum Beispiel Bertolt Brecht, aber hier geht es ja vornehmlich darum, den Schleier des Vergessens von Unbekanntem zu nehmen. Auch etliche Zeitschriften fehlen, beispielsweise die »Kolonne«, aber auch diese sind teilweise schon gut erforscht.

Ich möchte noch zwei Schlagworte bzw. Begriffe erwähnen, die in der spärlichen Literatur gebraucht werden und die ich hier durch den umfassenden Titel »Die nachexpressionistische Dichterjugend« ersetzt habe. Es sind dies: »Magischer Realismus« und »Neue Sachlichkeit«. Es sind die Dichter mit den Geburtsjahren um 1900 und den Debüts im Jahrzehnt 1923 bis 1933. Natürlich war in Ausnahmefällen von diesem Schema abzuweichen. So ist beispielsweise Hans Adler wesentlich älter, aber auch Else Lasker-Schüler war es, und doch wurde sie zu den Expressionisten gerechnet. Robert Seitz war schon im Expressionismus aktiv als Mitglied der Gruppe »Die Kugel« in Magdeburg und Herausgeber der gleichnamigen Zeitschrift. Er hat sehr früh angefangen, sein dichterisches Schwergewicht liegt aber in der Zeit nach dem Expressionismus. Einige Schriftsteller sind auch deutlich jünger als »1900 +/−«, so etwa Fritz Brainin, der Jahrgang 1913 ist, aber sehr früh begonnen hat, zu publizieren, so daß seine Bücher vom Zeitrahmen und auch stilistisch-thematisch passen.

Eigentlich hatte ich zunächst vor, eine Art Handbuch oder Anthologie herauszugeben. Jeder Autor sollte zwei Seiten bekommen, die eine Biobibliographie enthalten sollten, wo vorhanden ein Foto oder das Faksimile eines Buches und ein Gedicht. Da der dafür erforderliche Aufwand meine eigenen Kapazitäten überfordert hätte, wollte ich mich zweier Kollegen als Mitherausgeber versichern, die sich auf diesem Gebiet ebenfalls trefflich auskennen und mit denen ich mich oft ausgetauscht habe: Wulf Kirsten und Hans Dieter Schäfer. Beide haben leider schon vor Jahren abgesagt, weil sie ihre restliche Lebenszeit mit eigenen Arbeiten füllen wollen. Damit das Thema nicht ganz verlorengeht, habe ich mich dazu entschlossen, diese Bibliographie herauszugeben. Nun, da die Quellen offenliegen, ist es ja möglich, daß sich andere, jüngere Herausgeber finden, um die längst überfällige Anthologie zu machen. Das wünsche ich den Autoren dieser vergessenen Generation!

Konstanz, im Januar 2018   Peter Salomon

Bibliographie

EINZELTITEL

1 - ADLER, HANS: Affentheater. Gedichte. Leipzig/Wien/Zürich, E. P. Tal u. Co. Verlag 1920. 80 (2) Seiten, Kl.-8°, Opbd. mit einer Umschlaglithographie von Julius Zimpel

2 - ADLER, HANS: Affentheater. Gedichte. Leipzig/Wien, E. P. Tal & Co. Verlag. Neue vermehrte Auflage 1929. 87 (1) Seiten, Kl.-8°, Opbd. mit einer Umschlagillustration von Gustav Axel Bergmann

3 - ADLER, HANS: Affentheater. Gedichte. Eine Auswahl mit einem Nachwort von Heidemarie Müller und Martina Maria Quoika. Siegen, Universität-Gesamthochschule Siegen 1988. 28 Seiten, rote Broschur mit Klammerheftung (Vergessene Autoren der Moderne Bd. 34)

4 - ADLER, HANS: Erzählungen und Gedichte. Mit einem Nachwort von Martina Maria Quoika. Hannover, Postskriptum Verlag 1992. 102 (2) Seiten, Obrosch. (Randfiguren der Moderne)

5 - ALTHAUS, PETER PAUL: Jack der Aufschlitzer. Rund zwei Dutzend Lieder mit Zeichnungen von Rudolf Schlichter. Herausgegeben und mit einem Nachwort von Herbert Wiesner. Einbandausführung: Hans Bellmer. München, Verlag Klaus G. Renner 1982. 49 (3) Seiten, OPbd. (Nachdruck der EA von 1924 aus dem Elena Gottschalk Verlag, Berlin)

7 - AMERINGER, OSKAR: Unterm Sternenbanner. Kleine Geschichte für große Kinder. Berlin, Der Malik-Verlag 1924. 80 Seiten. Ill. farbiger OPbd. Einbandzeichnung von C. Barns, übers. v. B. Friedmann (Malik-Bücherei Bd. 15)

8 - ANDERS, HERMANN W.: Märtyrernovellen. Berlin, Verlag der Aufbruch Kurt Virneburg 1929. 46 (2) Seiten, blaues Oln., Goldprägung (Beiligend ein Pfingstgruß mit Signatur des Autors)

9 - ANDERS, HERMANN W.: Atem der Sehnsucht. Gedichte. Ber-

lin/Leipzig/München, Kulturpolitischer Verlag 1933. 31 (1) Seiten, Obrosch. (Reihe Gegenwart und Zukunft. Eine Sammlung zeitgenössischen Schrifttums, Band 29)

10 - APPEL, PAUL: Gedichte. München, Albert Langen – Georg Müller Verlag 1935. 76 (4) Seiten, Opbd. mit Deckel- und Rückentitelei. (Sturm und Sammlung, Bücher junger deutscher Dichter)

11 - ARNOLD, OTTO: Aufschrei! Neue Gedichte. Reichenberg, Sudetendeutscher Verlag Franz Kraus 1924. 47 (8) Seiten, Gr.-8°, Opbd. Mit einer Umschlagzeichnung und 4 Innenbildern auf Tafeln von Willy Herzig

12 - AUSLÄNDER, ROSE: Wir ziehen mit den dunklen Flüssen. Gedichte. Ffm., Fischer Taschbuch Verlag 1998. 196 (4) Seiten, Obrosch. (Werke Band I, 2. Auflage; enthält die frühen Gedichte ab 1927)

13 - BARCKHAUSEN, JOACHIM: Einsamkeit en gros. [Gedichte]. Limburg-Lahn, Zwei Säulen Verlag o. J. (ca. 1932). 32 Seiten, Opbd.

14 - BARTELS, ADOLF GEORG: Gedichte. Berlin, Die Rabenpresse 1935. 51 (5) Seiten, Opbd.

15 - BARTH, EMIL. Ex Voto. Sonette. München, Tukan-Verlag 1933. 25 (5) Seiten, Opbd.

16 - BARTH, MAX (hier Ps. Mufti Bufti): Kabif. Gedichte. Eggingen, Edition Isele 1996. 80 Seiten. Aufl. 300 Exemplare. M. e. Nachwort von Agathe Kunze. Reprint der Ausgabe von 1930

17 - [BARTH, MAX]: Max Barth 1896-1970. Freiburg, Kulturamt der Stadt 1996. Herstellung: Edition Isele. 80 Seiten mit Fotos u. Faksimiles. (Literarische Topographie 5. Begleitschrift zu verschiedenen Ausstellungen)

19 - BARTHEL, LUDWIG FRIEDRICH: Gedichte der Versöhnung. Tübingen, Rainer Wunderlich Verlag [1932]. 80 Seiten, Gr.-8. Obrosch. mit SchU

20 - BARTHEL, LUDWIG FRIEDRICH: Ausgewählte Gedichte. Hamburg, Verlag der Blätter für die Dichtung 1935. 10 lose Blatt in Kartonumschlag. (Das Gedicht 2. Jg., 5. Folge, Dezember 1935)

21 - BAUER, GERDA: Zahmes Furioso. [Gedichte]. Berlin/Leipzig/ München, Kulturpolitischer Verlag 1933. 12 Seiten, Obrosch. (Reihe Gegenwart und Zukunft. Eine Sammlung zeitgenössischen Schrifttums, Band 3)

22 - BAUER, WALTER: Stimme aus dem Leunawerk. Verse und Prosa. Leipzig, Verlag Philipp Reclam jun. 1980. 144 Seiten, Obrosch. Nachwort von Hans-Martin Plesske, 16 Abb. Von Karl Völker (Text nach der EA im Malik Verlag, Berlin, 1930)

23 - BAUM, HANNS: Blumen auf den Tisch. Gedichte. Stuttgart-Cannstatt, Phaeton-Verlag (Alfred Kuhn) 1919. Zweite Auflage. 24 Seiten, Obrosch. (Die Brücke, Bücherei neuer Autoren, Bd. 9)

24 - BAUMANN, HANS: Wir zünden das Feuer. [Gedichte] Jena, Eugen Diederichs Verlag 1936. 56 Seiten, Opbd. (Deutsche Reihe Band 39)

25 - BELOW, GERDA VON: Der heilige Tierkreis. [Gedichte]. Berlin, Kartell lyrischer Autoren, April 1930. 16 Seiten. Als Manuskript gedruckt, Fadenheftung. Flugblatt 4

26 - BELOW, GERDA VON: Raum der Liebe. Gedichte. Berlin, Verlag die Rabenpresse 1933. 32 Seiten, rote Broschur mit Klammerheftung. Eingeklebte Photographie einer Büste der Autorin von Wilhelm Gross als Frontispiz

27 - BERGENGRUEN, WERNER: Capri. [Gedichte]. Berlin, Kartell Lyrischer Autoren, Oktober 1930. 16 Seiten. Als Manuskript gedruckt, Fadenheftung. Flugblatt 10

28 - BENJAMIN, WALTER: Einbahnstraße. Berlin, Ernst Rowohlt Verlag 1928. 83 (1) Seiten, ill. Opbd. Nach Sascha Stone. (Voll-Faksimile der EA, Berlin, Brinkmann & Bose 1983; Aufl. 1200 Ex.)

29 - BERNER, ELSE: Wellen. [Gedichte]. Mit einem Vorwort von Georg Hermann. Bussum, A. A. M. Stols 1927. 38 Seiten. (Aufl. 300 Ex., hier die No. 121)

30 - BERG, ROLF: Der Regenbogen. Gedichte an eine Frau. Berlin, Wir-Verlag 1921. 60 Seiten, ill. Opbd. (Aufl. 1000 Ex., hier die No. 101)

31 - MARGOT, BERLINER: Flüge im Abendrot. Gedichte. Berlin, Reuß & Pollack 1920. Ill. Opbd. 64 Seiten. Mit 5 O-Lithos von Erich Büttner. Aufl. 600 num. Ex. Hier die Nr. 208

32 - BERNUS, ALEXANDER VON: Von Fahrt zu Fahrt. Gedichte in Auswahl. Berlin, Verlag die Rabenpresse [1937]. 32 Seiten, Obrosch. (Die Kunst des Wortes, Band 3)

33 - BEST, K. G. WALTER: Panische Strophen des Sommers 1929. Bamberg, J. M. Reindl Verlag 1930. 29 (3) Seiten, Gr.-8°, Opbd. mit Kleisterpapierbezug u. Deckelschildchen

34 - BICKER, HEINZ: Kleine Wochenübersicht. [Gedichte]. Berlin/ Leipzig/München, Kulturpolitischer Verlag 1933. 24 Seiten, Obrosch. (Reihe Gegenwart und Zukunft. Eine Sammlung zeitgenössischen Schrifttums, Band 12)

35 - BLUMENTHAL, WILLY: Liebender Geist. Gedichte. Berlin, Eigenbrödler Verlag [1926]. 32 Seiten, Oln.

36 - BLUNCK, HANS FRIEDRICH: Erwartung. Neue Gedichte. Jena, Eugen Diederichs 1930. 113 (3) Seiten, Oln.

37 - BÖHME, HERBERT: Gedichte. München, Carl Hanser Verlag 1931. 48 Seiten, Oln.

38 - BÖHME, HERBERT: Des Blutes Gesänge. Gedichte. München, Verlag Albert Langen/Georg Müller 1934. 60 Seiten. Helle Obrosch. mit Titelei

39 - BÖHME, HERBERT: Ausgewählte Gedichte. Hamburg, Verlag Heinrich Ellermann 1939. 19 (3) Seiten, Obrosch. mit Klammerheftung. (Das Gedicht Blätter für die Dichtung, 5. Jg. Folge 11, August 1939)

40 - BONGS, ROLF: Das Hirtenlied. Berlin, Die Rabenpresse 1933. 20 Seiten. Grüne Obrosch. mit gedrucktem Titelschild, Klammerheftung

41 - BONGS, ROLF; GOERLITZ, THEO L.; MITLACHER, HEINZ; PAULSEN, WOLFGANG: Lyrik. Düsseldorf, Europa-Verlag 1932. 78 Seiten, ill. Obrosch. Einbandentwurf von Kurt H. Craemer

42 - BOUCHHOLTZ, CHRISTIAN: »Kurfürstendamm«. Berlin, Axel Juncker Verlag 1921. [Großstadtimpressionen] mit Zeichnungen von Rudolf L. Leonhard. 128 Seiten. Ill. Opbd., Kl.-8°

43 - BOYE, KARIN: [Gedichte] in Versensporn 6, Jena, Poesie schmeckt gut 2012. 32 Seiten. Ill. Oumschl. von Karin Boye.

44 - BRAININ, FRITZ: Alltag. Gedichte 1926-1929. Herausgegeben von E. Barth-Wehrenalp. Wien, Verlag der neuen Jugend 1929. 48 Seiten, Oln. mit goldener Titelschrift (Auflage 500 num. Ex., hier die No. 335)

45 - BRAININ, FRITZ: Die eherne Lyra. Gedichte. Wien-Leipzig, Europäischer Verlag 1934. 48 Seiten, Obrosch.

46 - BRAININ, FREDERICK: Das Siebte Wien. Gedichte. Mit einem Nachwort von Jörg Thunecke. Wien, Verlag für Gesellschaftskritik 1990. 149 (3) Seiten, Obrosch.

47 - BRANDENBURG, HANS: Weihe des Hauses. [Gedichte]. Berlin, Kartell Lyrischer Autoren, Juni 1930. 16 Seiten. Als Manuskript gedruckt, Fadenheftung. Flugblatt 6

48 - BRAUN, HANNS MARIA: Das Fest des Jahres. Zwölf Sonette. Leipzig/Straßburg/Zürich, Heitz Verlag 1933. 18 (4) Seiten, rote Obrosch. (3-zeilige Widmung des Autors vom 15.12.1937)

49 - BRAUN, ROBERT: Gang in der Nacht. Gedichte mit Illustrationen von Elfriede Plaichinger-Coltrelli. München/Wien/Zürich, Dreiländerverlag 1919. 40 (4) Seiten, Kl.-8°, Obrosch. (Die Pforte, Band 3)

50 - BRENNER, PAUL AD.: Zwischen Traum und Zeit. Zürich, Verlag Oprecht 1938. 80 Seiten, Oln. (Nr. 195/200 der VA, vom Autor signiert)

51 - BRENNER, HEINZ: Unterm Wendekreis. Die siebenundzwanzig Sonette der Freundschaft. Hirsau/Württbg., Verlag die Arche 1930. 28 (2) Seiten, Obrosch. (Auflage: 200 num. und signierte Ex., hier die No. 146)

52 - BRENTANO, BERNHARD. Die Gedichte an Ophelia. Paderborn, Ferdinand Schöningh 1925. 65 (3) Seiten, Opbd.

53 - BRITTING, GEORG: Der irdische Tag. Gedichte. München, Albert Langen/Georg Müller 1935, 3. bis 5. Tausend. 133 (3) Seiten, Opbd. mit OSchU

54 - BROCKMEIER, WOLFRAM: Sturm und Beschwörung. [Gedichte]. Weimar, Erich Lichtenstein Verlag 1930. 56 Seiten, Opbd. (Auflage: 400 num. Ex., hier die No. 160)

55 - BROCKMEIER, WOLFRAM: Einkehr und Wandlung. Gedichte. Berlin, Propyläen-Verlag o. J. [1935]. 104 Seite, ill. Opbd. Einband-Ill. Von A. Finsterer

56 - BRÜES, OTTO: Die Brunnenstube. Gedichte. Gütersloh, E. Bertelsmann Verlag 1948. 149 (11) Seiten, Opbd. (5-zeilige Widmung des Autors vom 2.9.1956)

57 - BRÜGEL, FRITZ: Gedichte aus Europa. Zürich/New York, Verlag Oprecht 1937. 2. Auflage. 92 (4) Seiten, Opbd. mit OschU

58 - BRÜGEL, FRITZ: Februarballade. Prag, Verlag »Der Kampf« 1933. 30 (2) Seiten, Kl.-8°, rote Obrosch. mit Deckelschild

59 - BÜCHNER, JOHANNES: Der Morgen. Gedichte. Essen, Fredebeul & Koenen Verlag [1932]. 61 (3) Seiten, Oln.

60 - BÜHLER, PAUL: Firn und Feuer. Gedichte. Basel, Verlag von Rudolf Geering 1927. 42 (2) Seiten, Opbd.

60a - BÜHNER, K.[ARL] H.[ANS]: Die Jahreszeiten. Gedichte. Stuttgart, Strecker und Schröder 1935. 48 Seiten. O-Pbd. mit schwarzer Titelei. [Vorsätze und Titelseite fehlen]

61 - BURHENNE, HEINRICH: Gang in die Welt. Gedichte. Cleve-Duisburg, Deutscher Brücke-Verlag 1930. 68 Seiten, OPbd./HlbL m. Buntpapierbezug. Beiliegt eine 10-zeilige hs. Karte des Autors von 1929.

62 - CARSCH, HELLMUTH: Der Knabe. [Gedichte]. Berlin, Roderich Fechner Verlag 1928. 28 (4) Seiten, Obrosch. (Lyrik-Bücherei Band 1)

63 - CISEK, OSCAR WALTER: Die andere Stimme. Gedichte. Dresden, Verlag von Wolfgang Jess 1934. 56 Seite, Oln.

64 - CLOSS, AUGUST: Tagesanbruch. Gedichte. Graz, Verlag »Leykam« 1932. 24 Seiten, Obrosch. mit Klammerheftung. (Kleine Verfasserwidmung, seine handschriftliche Adresse liegt bei.)

65 - CZARMANN, JOSEF: Gedichte. Hirsau (Württbg.), Verlag die Arche 1930. 2. Auflage. 55 (9) Seiten, Oln. (Vom Verf. signiert und datiert)

66 - DACHS, HEINRICH: Gedichte. Berlin, Holle & Co. Verlag o. J. [ca. 1936]. 57 (3) Seiten, Opbd.

67 - DALLMANN, GÜNTER (Lot Anker): Zwischenrufe. Gedichte aus sehr großer und sehr kleiner Zeit. Nachwort von Klaus Täubert. London, A. W. Mytze 1995. 92 Seiten, Obrosch.

68 - DEML, FRIEDRICH: Sprache der Dinge. Gedichte. München, Verlag J. Kösel & Fr. Pustet [1932]. 87 (1) Seite, roter Opbd. mit konstruktivistischer Typografie

69 - DIEHL, OTTO SIEGFRIED: Der singende Morgen. Lieder und Gedichte. Stuttgart-Cannstatt, Phaeton-Verlag (Alfred Kuhn) 1919. 32 Seiten, Obrosch mit Deckelschildchen. (Die Brücke, Bücherei neuer Autoren, Band 11; auf Titelseite 12-zeilige Verfasserwidmung)

70 - DREWS, RICHARD: Nebengeräusche. Empfehlenswerte Lyrik für alle Stände. Berlin, Joachim Goldstein Verlag 1931. Einband, Vignetten und Holzschnitte von Walter Steffens. 72 Seiten, ill. Obrosch.

71 - ECKHARDT, WERNER: Turmfalken. [Gedichte]. Berlin-Leipzig-München, Kulturpolitischer Verlag 1933. 16 Seiten, Obrosch mit Titelschildchen. (Reihe Gegenwart und Zukunft. Eine Sammlung zeitgenössischen Schrifttums, Band 14)

72 - EHRISMANN, ALBERT: Lächeln auf dem Aspalt. [Gedichte]. Zürich und Leipzig, Verlegt bei Orell Füssli 1931. Ausstattung [Max] Bill, Zürich. Zweite, veränderte Auflage. 54 (2) Seiten, Opbd.

72a - [ELLERMANN, HEINRICH]: »Hier ein kleiner Ausschnitt meiner Lebensgeschichte«. Briefe des Verlegers Heinrich Ellermann aus seinem letzten Lebensjahr an Joachim Pini. Hrsg. v. Wulf Segebrecht. 32 Seiten. Bamberg, Verlag der Fußnoten 2009. Blaue Obrosch. mit weißer Titelei

73 - ELSENHANS, GEORG: Gedichte. Heilbronn, Verlegt bei Eugen Salzer 1924. Mit 7 Illustrationen des Autors auf Tafeln. 63 (1) Seiten, ill. Pbd.

74 - ELSENHANS, GEORG: Neue Gedichte. Heilbronn, Verlegt bei Eugen Salzer 1925. Mit 8 Illustrationen des Autors auf Tafeln, darunter als Frontspiz sein Porträt. 93 (3) Seiten, Pbd.

75 - EMDE, KARL: Kilometer 189. [Ballade]. [Berlin], Verlag Die Rabenpresse 1935. 15 (3) Seiten, gr.-8°, graue Obrosch. mit Rückstichheftung. (Die Neue Reihe, Band 7; Beilage: 3 Zeitungsausschnitte, darunter einer zum Tod des Autors)

76 - ENGERT, ROLF: Frühfeuer. Gedichte. Dresden, Verlag des dritten Reiches. Im Jahre 75 nach Stirners Einzigen [das wäre 1920, richtig aber wohl: 1919]. 55 (5) Seiten, kl.-4°, orange Obrosch.

77 - ERDER, FRIEDREICH: Hymne an die Sonne. [Gedichte]. Zürich-Leipzig-Wien, Amalthea-Verlag 1930. 37 (3) Seiten, ill. Obrosch.

78 - FELDMANN, RUDOLF: Glühende Jugend. Verse. Wien, Verlag »Thalia« 1936. 48 Seiten, rote Obrosch.

79 - FELINAU, JOSEF RITTER PELZ VON: Der Untergang der »Titanic«. Ein melodramatisches Epos. Wien, Wahringers Druck und Verlag o. J. [1926]. 16 Seiten, kl.-8°, Obrosch mit Klammerheftung

80 - FELINAU, PELZ VON: Tendenzen. [Gedichte]. Berlin, Selbstverlag des Autors o. J. [1929 oder früher]. 32 Seiten, Obrosch. Mit Widmung des Autors und eingeklebter Visitenkarte

81 - FEUCHTWANGER, LION: PEP. J. L. Wetcheeks amerikanisches Liederbuch. Mit Zeichnungen von Caspar Neher. Potsdam, Gustav Kiepenheuer Verlag 1928. 62 (2) Seiten, ill. Opbd.

82 - FINCK, WERNER: Neue Herzlichkeit. Gedichte. Mit 68 Federzeichnungen von Ottomar Starke. Berlin, K. Nierendorf Verlag 1931. 84 Seiten, ill. Obrosch.

84 - FINCK, WERNER: Finckenschläge. Ausgabe letzter Hand. Reinbek bei Hamburg, Rowohlt 1975. 105 (5) Seiten, Obrosch. (rororo 1832)

85 - FISCHER-COLBRIE, ARTHUR: Die Wälder atmen und die Sterne leuchten. Hamburg, Blätter für die Dichtung, Das Gedicht, 5. Jg. Folge 12, Sept. 1939. 22 Seiten, Obrosch. mit Klammerheftung

86 - [FRANZKE, GÜNTHER]: DER JUNGE KREIS. Eine kleine Zeitschrift. Schriftleiter: Albert Hirte, Berlin. Nummer 11, Juni 1927, »Günther Franzke Heft«. 12 Seiten, Klammerheftung. Mit einer Porträt-Zeichnung Franzkes von Erwin Dorow

87 - FRANZKE, GÜNTHER: Gesänge gegen bar. Chansons und Gedichte. Mit Zeichnungen von George Grosz. Dresden, Wolfgang Jess-Verlag 1931. 64 Seiten, ill. Obrosch., gr.-8°

88 - FREIBERG, SIEGFRIED: Die vierte Tafel. Sonette an die Eltern. Klosterneuburg-Wien, Oskar Höfels 1928. 26 Seiten, mit der Nr. 538 nummeriertes Ex.

89 - FRIEDENTHAL, RICHARD: Demeter. Sonette. Berlin, Axel Juncker Verlag o. J. Violettes Ganzleinen

90 - FRITSCHE, HERBERT: Durch heimliche Türen. Gedichte. Berlin, Verlag die Rabenpresse Victor Otto Stomps 1932. 16 Seiten, Obrosch. mit Klammerheftung. Die Schwarzen Hefte Band 4. Hier eine Variante im blau-grauen Umschlag

91 - FRITSCHE, HERBERT: Mandragora. 12 Magische Stücke [= Gedichte]. Mit einer Zeichnung von Ludwig Meidner. Berlin, Verlag die Rabenpresse Victor Otto Stomps 1933. 24 Seiten, Opbd. mit Deckelschildchen

92 - FRITSCHE, HERBERT: Im Dampf der Retorte. Gesammelte magische Gedichte. Mit Abb. von M Schongauer, A. Dürer und L. Meidner. Berlin, Verlag die Rabenpresse o. J. [1934]. 70 Seiten, privater Reprint (= geb. Fotokopien)

93 - FRITSCHE, HERBERT: Samen des Morgenlichts. 4 Gedichte. O. O., Verlag Eremiten-Presse 1950. Nr. 4 der EREMITAGE, hrsg. von Helmut Knaupp. 8 nn. Seiten. Mit 8-zeiliger hs. Widmung des Autors an den Schriftsteller Richard Gerlach

94 - FRITSCHE, HERBERT: Am Saum des großen Vorgangs. 24

ausgewählte Gedichte aus den Jahren 1928-1935. Zeichnungen von John Uhl. Berlin, Athanor Verlag 1978. 68 Seiten, Querformat

95 - FRITSCHE, HERBERT: Baum der Käuze. Gedichte, Briefe, Aufsätze. Hrsg. von Hansjörg Viesel. Mit 13 Zeichnungen von Aldona Gustas. Mit Autorenfoto und Faksimiles. Berlin, Corvinus Presse 1991. 112 Seiten, Obrosch.

96 - FRITSCHE, HERBERT: Romanisches Café. Vier Kapitel aus der unvollendeten Autobiographie »Abenteuer wider Willen«. In: Neue Deutsche Hefte 111 (1966), Hg. V. Joachim Günther, Seite 3-8

97 - FUCHS, OTTO: Gedichte. Frankenthal, im Selbstverlag des Verfassers [1920]. 62 Seiten, Halbpergamin. Kosch V, 860. Einzige selbstständige Veröffentlichung des Autors

98 - FUNK, OTTO ERICH: Ein Städter spricht. Gedichte. Einbandentwurf von Herbert Bachmann. Limburg-Lahn, Zwei Säulen Verlag [1932]. 64 Seiten. Ill. Opbd.

100 - GASTEV, ALEKSEJ: Ein Packen von Ordern. [Gedichte]. Ostheim/Rhön, Verlag Peter Engstler 1999. Obrosch. mit Klammerheftung. Nachdruck des 1921 erschienen Bandes des Autors der Proletkultbewegung

101 - GATH, GOSWIN P.: Ausklang im Lied. Gedichte. Pasing bei München, Verlag Heinrich F. S. Bachmair 1933. 32 Seiten, Obrosch. Schriften der Rheinischen Werkleute, Erster Band

102 - GATTERMANN, EUGEN LUDWIG: Die Begegnungen Gottes. [Gedichte]. Berlin, Kartell Lyrischer Autoren, November 1930. 16 Seiten. Als Manuskript gedruckt, Fadenheftung. Flugblatt 11

103 - GEBSER, HANS: Zehn Gedichte. Berlin, Verlag die Rabenpresse Victor Otto Stomps 1932. 16 Seiten. Obrosch. mit Deckelschildchen. Die Schwarzen Hefte, Band 8

104 - GERSTNER, HERMANN: Gedichte. Würzburg, Verlag der Gesellschaft für Literatur und Bühnenkunst 1926. (Drucke des Kreises der Jüngeren). 20 Seiten, Obrosch., 4°

105 - GILLEN, OTTO: Nächte. Gedichte. Kohlezeichnungen von

Ludwig Wagner. Klostereichenbach, Verlag »Die Arche« 1932. 64 Seiten, ill. Obrosch.

106 - GINKEL, EMIL: Poesiealbum 177. [Gedichte] Auswahl: Dorothe Oehme. Berlin, Verlag Neues Leben 1982. 32 Seiten, ill. Obrosch. mit Klammerheftung. Umschlagvignette und Innengrafik von Conrad Felixmüller

107 - GOEBBELS, JOSEPH: Michael. Ein deutsches Schicksal in Tagebuchblättern. München, Zentralverlag der NSDAP, Franz Eher Nachf. 1939 (14. Aufl., 62.-66. Tausend). [EA = 1929]

108 - GOES, ALBRECHT: Der Hirte. Gedichte Berlin/Leipzig/München, Kulturpolitischer Verlag 1934. 64 Seiten, Obrosch. (Reihe Gegenwart und Zukunft. Eine Sammlung zeitgenössischen Schrifttums, Band 66)

109 - GOLDSCHLAG, GEORGE A.: Eulenspiegel [Gedichte]. Mit einem Titelholzschnitt von Hans Heimbeck. Berlin-Wilmersdorf, Verlag Alfred Richard Meyer, November 1921. 16 nicht paginierte Seiten, Obrosch. mit Klammerheftung. Hier Voll-Reprint der Corvinus Presse Berlin, Herbst 2006. Reihe: Alles Verlegte findet sich wieder, Band 4

110 - GOLDSCHLAG, GEORGE A.: Rot und Grün [Gedichte]. Berlin, Kartell lyrischer Autoren, Dezember 1929. 16 nn. Seiten. Als Manuskript gedruckt, Fadenheftung. Flugblatt 1

111 - GOLDSCHLAG, GEORGE A.: Zeitzeichen. Berlin [A.R. Meyer] Januar 1930, oranges Oln. 30 nn. Seiten. (Die Singularier Druck I). Aufl. = 61 Exemplare

112 - GOLDSCHLAG, GEORGE A.: Billardraum im Café. Mit 2 [signierten] Linolschnitten von Christiane Grosz. Berlin, Corvinus Presse 2003. 18 nn. Seiten. Blockbuch. Nr. 46 von 50 Ex. Nummeriert und vom Verleger signiert. [Nachdruck eines Gedichtes von 1931 (richtig wohl: 1929)]

113 - GOLDSCHLAG, GEORGE A.: Gedichte. Mit einem Vorwort von Dr. Manfred Swarsensky. Berlin, Vortrupp Verlag 1935. 80 Seiten, Opbd. mit ill. SU (Fotoporträt des Autors)

114 - GOMOLL, WILHELM CONRAD: Wanderschaft. Neue Gedichte. Berlin, Verlag die Rabenpresse Victor Otto Stomps 1933. 32 Seiten, gelber Opbd. Hier das Ex. Nr. 40 der nummerierten und signierten Vorzugsausgabe. Zusätzlich mit einer Widmung des Autors an Wilhelm von Scholz von 1935

115 - GORLIN, MICHAEL: Märchen und Städte. Gedichte. Berlin, Waldemar Hoffmann Verlag o. J. [1930]. 52 Seiten

116 - GORLIN, MICHAEL: Märchen und Städte. Gedichte, Teil-Neudruck der Erstausgabe von 1930. Hrsg. und mit einem Nachwort von Helmut Kreuzer. Siegen, Uni-GSH 1986. Vergessene Autoren der Moderne Bd. X. 28 Seiten. Obrosch. mit Klammerheftung

117 - GRAB, HERMANN: Der Stadtpark und andere Erzählungen. Mit einem Nachwort von Peter Staengle. Frankfurt a. M., Fischer Taschenbuch Verlag 1985. 208 Seiten, ill. Obrosch. Titel aus der Verlagsreihe »Verboten und verbrannt/Exil«. Die Titelerzählung erschien erstmals 1935

118 - GRÄF, HELWALD: Eine Tür ist offen. Neue Gedichte. Berlin-Leipzig-München, Kulturpolitischer Verlag 1933. 36 Seiten, Obrosch. mit Titelschildchen. (Reihe Gegenwart und Zukunft. Eine Sammlung zeitgenössischen Schrifttums, Band 8)

118a - GRASHEY, ROLF: Gedichte. o. O. und o. J. [wohl 1938. Postum hrsg. von der Familie des Autors.] Auflage 100 Ex. 40 Seiten. Gedruckt in der Unger-Fraktur auf Bütten. Schwarzer Lnbd. mit blauem Titelschildchen. [Enthält 33 Gedichte. Der Autor, geb. 1903, wurde am 1.9.1937 im KZ Buchenwald erschossen.]

119 - GRISAR, ERICH: Morgenrot. Gedichte. Sulzbach i. Obpf., Verlag I. E. v. Seidel [1920]. 48 Seiten, ill. Obrosch.

120 - GRISAR, ERICH: Das atmende All. Gedichte. Illustriert von Georg Kretzschmar. Leipzig, Roter Türmer Verlag 1925. 68 Seiten, ill. Obrosch.

121 - [GROSSMANN, HANS WOLF]: Meine ersten Gedichte / von *** (Die Gedichte eines Siebzehnjährigen). Dresden / im Jahre / 1919.

[Privatdruck des Verfassers in der Aufmachung der Hefte des »Jüngsten Tag« des Kurt Wolff Verlages.] Obrosch. 25 Seiten. Auf dem Titelblatt kleine Bleistiftwidmung, evtl. des Autors, an »Rodolfo«

122 - GRUMBT, THEODOR: Leben in Glut. Ein Band Gedichte. Dresden [im Selbstverlag des Verfassers], Elbedruck 1929. 44 Seiten, ill. Obrosch. Gr-8°. Vorsatz mit 4-zeiliger Widmung des Autors. Beiliegt ein Werkprospekt des Autors

123 - GRÜNDGENS, GUSTAF: Gedichte und Prosa. Hrsg. von Franz-Josef Weber. Siegen, Uni-GSH 1985, 2. Aufl. 40 Seiten, orange Obrosch. mit Klammerheftung

124 - GRÜNDGENS, GUSTAF: Wie sind wir vornehm. Lyrik und Prosa. Mit einem Nachwort herausgegeben von Karl Riha, Hannover, Postskriptum Verlag 1993. 96 Seiten, ill. Klappenbroschur. Reihe: Randfiguren der Moderne

125 - GRÜNDGENS, GUSTAF: Siehe auch DER FREIHAFEN (ZEITSCHRIFTEN), darin der Erstdruck seines Gedichtes »Bescheidung«

126 - GUTKELCH, WALTER: Das Jugendgedicht. Berlin-Schöneberg, Der Fechter Verlag o. J. [1924]. 62 Seiten, OHln. mit Buntpapierbezug

127 - GUTKELCH, WALTER: Gedichte. Berlin, Reuß & Pollack Verlag 1924. 24 Seiten, violette Obrosch. mit blau-grünen dreieckigen Deckelschildchen.

128 - GUTKELCH, WALTER: Zwei Zyklen. Pyrmont, Äton-Verlag 1926. 32 Seiten, Obrosch. mit Deckelschildchen, Klammerheftung

129 - GUTKELCH, WALTER: Gedichte 1921-1929. Mit Bild und Bibliographie. Berlin, Waldemar Hoffmann Verlag 1930. 64 Seiten, Ohl. Mit schöner konstruktivistischer Typografie. Das Frontispiz-Porträt ist von Albert Reinhardt gezeichnet [1930]

130 - HABETIN, RUDOLF: Ewiger Strom. Gedichte. Stuttgart/ Berlin, Deutsche Verlags-Anstalt 1939. 68 Seiten, blaues Oln.

131 - HABETIN, RUDOLF: Zwieklang unsrer Zeit. Ausgewählte Ge-

dichte 1928-1939. Düsseldorf/Köln, Eugen Diederichs Verlag 1962. 64 Seiten, Opbd. Vom Autor auf dem Titelblatt signiert und datiert

132 - HAKEL, HERMANN: Ein Kunstkalender in Gedichten. Wien, Anzengruber 1936. 32 Seiten. Beige Obrosch. mit scharzer Titelei. (Neue Dichtung Bd. 4)

133 - HAKEL, HERMANN: Dürre Äste, welkes Gras. Begegnungen mit Literaten, Bemerkungen zur Literatur. Wien, Lynkeus Verlag 1991. 400 Seiten. Opbd. mit SU

134 - HACKEL, FRANZ: Die banalen Lieder. Mit [4] Bildertafeln von Otto Griebel. Dresden, Privatdruck 1928 (Nicht für den Buchhandel bestimmt). 38 Seiten, Exemplar Nr. 14, Opbd. Vom Autor signiert. 3-zeilige hs. Widmung von Otto Griebel. Seltenes Buch des Dresdner Anarchisten

135 - HAIDENBAUER, HANS: alltag. Gedichte. Wien, Krystall-Verlag 1933. 56 Seiten, Obrosch.

135a – HAMECHER, PETER: Entformung und Gestalt. Gottfried Benn/Stefan George. Berlin, Verlag Die Rabenpresse 1932. 32 Seiten. Blaue Obrosch. m. Klammerheftung u. Titelschildchen [Die Blaue Reihe Band 1-2]

136 - HARRER, JOSEF ROBERT: Die exotischen Sonette. Berlin, Adlerverlag 1928. Gr.-8°, Opbd. 47 Seiten. Erstling des Wiener Dichters (1896-1960)

137 - HARTAU, FRIEDRICH VON: siehe KIELER, HANS JOACHIM

138 - HEIMERDINGER, ALFRED: Don Juan. Balladen-Zyklus. Berlin-Leipzig-München, Kulturpolitischer Verlag. 28 Seiten, Obrosch. mit Titelschildchen. (Reihe Gegenwart und Zukunft. Eine Sammlung zeitgenössischen Schrifttums, Band 2)

139 - HEIMREICH, JENS: Ufer der Frühzeit. [Gedichte]. Berlin, Verlag die Rabenpresse o. J. [1937]. 56 Seiten, Opbd. mit SU. Beiligt Lesezeichen des Verlages mit Titelliste

140 - HEISE, ELSE: Wetterleuchten. Gedichte. Klosterreichenbach (Württbg.) 1933. 74 Seiten, Obrosch.

141 - HELLMERT, WOLFGANG: Lyrik und Prosa 1924-1934. Mit einem Nachwort von Klaus Täubert. Gerbrunn bei Würzburg, Wissenschaftlicher Verlag A. Lehmann 1980. 107 (3) Seiten, Opbd. mit SU

142 - HEMPEL, WALTER: Irrsinnig!? Briefe, Gedichte, Zeichnungen, Kurzgeschichten. Berlin, Roderich Fechner Verlag 1929. 157 Seiten, Opbd. Beiliegen 4 ms. Briefe des Autors und 1 Gedicht-Ms. (Der Schwimmer, originelles Sonett, vmtl. unveröffentlicht)

143 - HEUSCHELE, OTTO: Der weiße Weg. Gedichte. Tübingen, Alexander Fischer-Verlag 1929. 48 Seiten, grauer Opbd. mit Deckelschild. Auflage 120 Ex. Hier die Nr. 92. Von Autor signiert und mit späterer 2-zeiliger Verfasserwidmung (1935)

144 - HIRSCH, LEON: Dackellieder. [Gedichte]. Baden-Baden, Merlin-Verlag o. J. [1930]. 48 Seiten, ill. Ganzleinen. Farbige Deckelillustration von Thorwald Fritz Lange (sehr schön!)

145 - [HIRSCH, LEON]. Wolfgang U. Schütte. Von Berlin nach Brissago. Auf den Spuren von Leon Hirsch in der Schweiz. Mit zahlreichen Abbildungen. Berlin, Buchverlag Der Morgen 1987. 224 Seiten, Ganzleinen mit ill. SU

146 - HIRTE, ALBERT: Der Pan-Kreis. Gedichte. Berlin, Verlag Der Junge Kreis 1928. 44 Seiten, grüne Obrosch.

147 - HUHN, KURT: [Gedichte]. In: Poesiealbum 156. Berlin, Verlag Neues Leben 1980. 32 Seiten. Ill. Obrosch. Grafik von Gudrun Brühne

148 - JACOBI, HUGO: An die Ahnenden. Gedichte. Potsdam, Gustav Kiepenheuer Verlag 1925. 46 Seiten, Obrosch.

149 - JEDZEK, KLAUS: Der heimliche Bund. Sprüche, Lieder und Elegien. Eisenach, Erich Röth Verlag 1935. 44 Seiten, Obrosch. Frontispiz mit Verfasserporträt von Werner Friedrich Dissel

150 - JÖRGER, KARL: Betrachtungen des Einsamen. Gedichte. Stuttgart-Cannstatt, Phaeton-Verlag Alfred Kuhn 1919. 24 nn. Seiten, Obrosch. mit Deckelschildchen. Reihe: Die Brücke IV

151 - JÜNGER, FRIEDRICH GEORG: Der Missouri. Gedichte. Leipzig, Insel Verlag 1940. 60 Seiten, Gr.-8°

152 - KAGELMACHER, WILLI: Das Tor. Gedichte. Berlin, Victor Otto Stomps Buchdruckerei 1936. 48 Seiten, ill. Opbd. Das schöne Umschlagbild stammt von Theo Aeckerle

153 - KÄSTNER, ERICH: Herz auf Taille. [Gedichte. Mit Zeichnungen von Erich Ohser (e. o. plauen)]. Berlin, Cecilie Dressler Verlag o. J. Ill. kart. TB. Mit einem Vorwort des Autors von 1965. Ersterscheinen 1927

154 - KALÉKO, MASCHA: Das lyrische Stenogrammheft. Kleines Lesebuch für Große. Hamburg, Rowohlt 1956, hier die 27. Auflage Feb. 2003. EA 1933. 176 Seiten, rororo TB

155 - KALMER, JOSEF: Der Flug durch die Landschaft. [Gedichte]. Wien/Leipzig, Verlagsanstalt Dr. Zahn und Dr. Diamant 1927. 48 Seiten, Obrosch. mit Deckelschildchen. 3-zeilige Widmung des Autors auf Titelblatt, dat. Pfingsten 1927

156 - KAHLE, MARIA: Judas. Gedichte. Mit [7] Holzschnitten von Hans Clavos, davon einer auf dem vorderen Umschlag sowie dem SU. M. Gladbach, Volksvereins-Verlag 1928. 40 Seiten, ill., schwarzer Leineneinband, beiger ill. SU. Gr.-8°.

157 - KASCHNITZ, MARIE LUISE: Überallnie. Ausgewählte Gedichte 1928-1965. Mit einem Nachwort von Karl Krolow. München, dtv 1969. 214 Seiten. Enthält eine Auswahl der Gedichte 1928-1939

158 - KELLER, GEORG: Anbrechender Tag. Gedichte. Leipzig-Li., Verlagsanstalt proletarischer Freidenker 1924. 56 Seiten, kl-8°. Ill. Opbd. mit aparter Deckelillustration

159 - KELLER, HANS PETER: Die schmale Furt. Gedichte. Hamburg, Verlag Heinrich Ellermann o. J. [1938]. 30 Seiten, Opbd. mit Deckelschildchen

160 - KESSEL, MARTIN: Gebändigte Kurven. Gedichte. Frankfurt am Main, Iris-Verlag o. J. [1927]. 80 Seiten, typografisch gestaltete Obrosch.

161 - KESSEL, MARTIN: Betriebsamkeit. Zwei Novellen aus Berlin. Berlin, LCB 1982. 64 Seiten. Die EA erschien 1926 im Iris-Verlag Ffm.

162 - KIELER, HEINZ JOACHIM und HARTAU, FRIEDRICH VON: Gedichte und ein Manifest. Waldenburg in Schlesien, Gruppe junger Künstler. 48 Seiten, schwarze Obrosch. mit Deckelschildchen. Kl.-8°

163 - KIRCHHOFF, PAUL: Hoher Mittag. Gedichte. Darmstadt, Verlag Karl Stork, 1924. 48 Seiten. Mit einem Vorspruch von Karl Stork. Mit eh. Besitzvermerk von Hans Franck

164 - KÖPPEN, EDLEF: Vier Mauern und ein Dach. Heiteres um einen Hausbau. Mit Zeichnungen von Ottomar Starke. Berlin, Bruno Casssirer Verlag. 156 Seiten

165 - KOLMAR, GERTRUD: Tag- und Tierträume. Gedichte. Auswahl u. Nachwort von Friedhelm Kemp. München, dtv 1963. 168 Seiten. [Sonderreihe dtv Bd. 13]

166 - KOLMAR, GERTRUD: Die Kerze von Arras. Ausgewählte Gedichte. Auswahl u. Nachwort von Uwe Berger, mit einem Porträtfoto der Autorin. Berlin/Weimar, Aufbau-Verlag 1968. 160 Seiten

167 - KORDT, WALTER: Ruhrstädte. Balladen. Umschlagill. u. Titelentwurf von Fritz Leykauf. Berlin, Verlag Der Aufbruch, Kurt Virneburg 1928. 16 nn. Seiten. 8°. Ill. Obrosch. Sechszeilige e. Widmung des Autors von 1929. Frisches Ex. mit schöner Umschlagill., Bd. 9 der Verlagsreihe

168 - [KORDT, WALTER]: Stationen. Eine Auswahl aus den Gedichtbänden des Autors als Gabe zu seinem 70. Geburtstag am 13.10.1969. Mit der Reproduktion einer Porträtzeichnung von Werner Schramm v. 1968. Herausgegeben von der Nyland-Stiftung und Freunden des Autors. 66 Seiten. Gr-8°. Auflage 300 Ex. Hier Nr. 71

169 - KRAMER, THEODOR: Kalendarium. [Gedichte]. Berlin, Kartell Lyrischer Autoren, Dezember 1930. 16 Seiten. Als Manuskript gedruckt, Fadenheftung. Flugblatt 12

170 - KRIEGER, ARNOLD: Der neunte Jahresring. 12 Gedichte.

Darmstadt, Studio Schaffen und Forschen 1973. Umschlagill. v. Doris Schäfer. 12 nn. Seiten. 8°. Broschur mit ill. Umschl.

171 - KRUSE, LUDWIG: Wechselndes Gewölk. Verse aus Brasilien. Berlin, Verlag Der Aufbruch Kurt Virneburg 1928. 64 Seiten. OPbd m. Titelschild. Rückentitel

172 - KRUPPA, WALTER: Gedichte. Hamburg, Verlag Heinrich Ellermann 1938. Grauer Umschlagkarton mit Typographie. (Das Gedicht. Blätter für die Dichtung, 4. Jahrgang, Folge 12, Sept. 1938)

173 - KÜPPER, HANNES / VALLENTIN, MAXIM: Die Sache ist die. [Gedichte, Prosa, Szenen]. Potsdam, Gustav Kiepenheuer Verlag o.J. [1923]. 84 Seiten. Opbd. mit neusachlicher Typographie. 4-zeilige Autorwidmung an Herwarth Walden

174 - KUNTER, ERICH: Mein Blut. Verse. Stuttgart-Cannstatt, Phaeton-Verlag 1919. 32 Seiten. Oranger UKart. Mit Titelschildchen. Mit 4-zeiliger Autorenwidmung

175 - KUNTZE, HERBERT: Wie der Wind weht. Gedichte. Stuttgart, Verlag A. & W. Maurer 1932. 46 [2] Seiten, blauer Ganzleinen-Band mit goldener Typografie

176 - KUNZE, WILHELM: Ein Sommer. Gedichte. Nürnberg, Verlag Der Bund 1922. 22 Seiten. Hellblaue ill. Obrosch.

177 - LANDGREBE, ERICH: Das junge Jahr. Gedichte. Wien / Leipzig, Carl Gerold's Sohn 1934. 48 Seiten. Schwarzer Opbd. mit goldener Deckeltyporaphie. 2-farbige Titelei

178 - LANGE, CARL ALBERT: Das Netz der Gestirne. Berlin-Grunewald, Horen-Verlag 1928. 148 Seiten. Opbd. mit Rückentitel. Gr.-8°

179 - LANGE, HORST: Zwölf Gedichte. Berlin, Verlag Die Rabenpresse V. O. Stomps 1933. 20 Seiten. Dunkel-weinroter Opbd. mit schwarzer Titelei

180 - LANGGÄSSER, ELISABETH: Der Laubmann und die Rose. Ein Jahreskreis. Hamburg, Claassen & Goverts o.J. [1947], Ill. Pbd. 60 Seiten

181 - LAUTENSCHLAGER, OTTO: Stirn und Stern. Gedichte. Stuttgart/Berlin/Leipzig, Deutsche Verlagsanstalt 1922. 26 Seiten. Opbd. mit Buntpapierbezug u. Deckelschildchen. Gr.-8°. Aufl. 150 num. Exemplare, hier ein Mitarbeiter-Exemplar ohne Nr., Sonderdruck der Juniperuspresse

182 - LEIP, HANS: Die Nächtezettel der Sinsebal. [Gedichte u. kurze Prosa]. Hamburg, Christian Wolff Verlag 1947. 88 Seiten, hellgrüner OPbd. Mit Umschlagvignette und Zeichnungen von Hans Leip. Kl.-8

183 - LEIFHELM, HANS: Hahnenschrei. Gedichte. Stuttgart/Berlin/Leipzig, Deutsche Verlags-Anstalt 1926. 72 Seiten. Opbd. Eine Verlagswerbung der DVA liegt bei

184 - LEITGEB, JOSEF: Musik der Landschaft. Gedichte. Berlin, Verlag Die Rabenpresse 1935. 62 Seiten. Roter Opbd. mit SU, dieser mit Foto des Autors

185 - LEUTERITZ, GUSTAV: Das Vorspiel. Gedichte. Berlin, Verlag Die Rabenpresse 1933. 24 Seiten. Roter Opbd. mit Deckelschildchen

186 - LICHT, KURT (Béla Ligethy): Das Blumenschiff. [Gedichte] München, Hanna Rudelt-Verlag o. J. (»geschrieben 1925«). 48 Seiten. Opbd. mit Typographie

187 - LIEBMANN, KURT: Dionysos-Apollo. Die Idee und Rechtfertigung der jungen Generation. Dessau, Dion-Verlag Liebmann & Mette 1927. Rote Obrosch. Mit Typographie. Klammerheftung

188 - LIEBMANN, KURT: Der Seher. Hymnen Gedichte. Hirsau-Württemberg, Verlag Die Arche 1930. 64 Seiten. OHln. mit Deckel-Typographie

189 - LIEBMANN, KURT: Glanz der Aue ... Gedichte mitteldeutscher Landschaft. Berlin-Steglitz, Dion Verlag 1937. 36 Seiten. Grüne Obrosch. mit Umschl.-Typografie

190 - LIEBMANN, KURT: Erlebtes Leben. Gedichte aus dem Nachlaß. Berlin, Corvinus Presse 1991. 30 Seiten. Nachwort von Hendrik Liersch. Marmorpapier-Umschlag. Nr. 71 der VA von 150 Ex., signiert von Erna Liebmann

191 - LINKE, JOHANNES: Das Festliche Jahr. (»Für Eduard Reinacher«). [Gedichte] Mit 6 Holzschnitten von Eugen Pruggmayer. Leipzig, Verlag Aufstieg 1928. 48 Seiten. Obrosch. mit Buntpapierbezug und Deckelschildchen

192 - LIPP, HERBERT: Aufschrei aus dem Asphalt. Gedichte. Heinrich Wilhelm Hendriock Verlag Berlin. o. J. (1930) 62 S. + Verlagsanzeigen. Kl.-8°, schwarzes OHln. mit Deckeltypografie von Georg Golenia. Besitzvermerk von Nov. 1931 (Bleistift). Eine Gedicht-Postkarte mit hs. Verfasserwidmung aus 1955 liegt bei

193 - LORBEER, HANS: [Gedichte] in Poesiealbum 59. Berlin, Verlag Neues Leben 1972. 32 Seiten, ill. Obrosch. Klammerheftung. Ausgewählt von Bernd Jentzsch. Umschlagvignette u. Grafik von Theo Hesselbarth

194 - LOUP, KURT: Die Wildnis. Gedichte. Berlin, Verlag Die Rabenpresse. 64 Seiten. Opbd. mit SU

195 - LUCKDORFF, ARTUR MAX: Lob der Erde. [Gedichte]. Berlin, Die Rabenpresse 1935. 34 Seiten. Obrosch mit SU in braun mit blauer Umschlagillustration von Robert Büchner. [Die neue Reihe, Band 9/10]. Gr.-8°. Letzte weiße Seite: Archiv-Stempel der Corvinus-Presse (Hendrik Liersch)

196 - LUDWIG, PAULA: [Gedichte] in: Das Gedicht. Hamburg, Blätter für die Dichtung, 3. Jg., Folge 13/14, April 1937. 14 einseitig bedruckte Blätter, lose in dünnem hellgrauen Karton-Umschlag

197 - LUSCHNAT, DAVID: Kristall der Ewigkeit. Gedichte. Berlin, eigener Druck des Verfassers [1926]. 13 nn. Seiten, Klammerheftung. Exlibris von Hermann W. Anders. 1 Werbekarte des Kartells Lyrischer Autoren liegt bei

198 - LUTZ, JOSEPH MARIA: Neue Gedichte. München, B. Heller o. J. [wohl 1926]. Nr. 3 von 300 Ex. Von Autor in Druckvermerk signiert. Zusätzlich mit Widmung an den Verleger Heinrich F. S. Bachmair von 1926. Bon Bachmair auf U2 monogrammiert (HfsB und Buchnummer [1557])

199 - LUZIAN, JOHAN: In tausend Landschaften. Gedichte. Lilienfeld, Verlag Am Brunnen 1924. 48 Seiten. Schwarze Obrosch. mit Titelschildchen. Nachwort von Felix Braun, dat. Wien, Februar 1924

200 - MAHLKE, FRANZ: Das heilige Leben. Gedichte. Berlin, Eigenbrödler Verlag 1928. 48 Seiten. Blauer Ganzleinen-Bd.

201 - MARX, RUDOLF: Gesang der späten Städte. Gedichte. Leipzig, Paul List Verlag 1929. 60 Seiten. Roter Opbd. mit aufgedrucktem Titelschildchen

202 - MECKEL, EBERHARD: Der Nachfahr. Gedichte. Berlin, Verlag Die Rabenpresse 1933. 20 Seiten. Roter Opbd. mit aufgedrucktem Deckelschildchen

203 - MECKEL, EBERHARD: Vom Traume nicht verschont. Gedichte und Prosa. Eine Auswahl. Hrsg. v. Walter Jacobi. Vorwort von Albrecht Goes. 112 Seiten mit Frontispiz, Foto des Autors. Blaue Obrosch. mit Typografie u. Foto des Autors. Waldkirch, Waldkircher Verlagsgesellschaft 1987. (Badische Reihe Bd. 19)

204 - MEHRING, WALTER: Neues Ketzerbrevier. Balladen und Songs. München, dtv 1966. 192 Seiten. Ill. Obrosch. (Auswahl aus den Vers-Büchern des Autors 1919-1944)

205 - MEISTER, ERNST: Ausstellung. Gedichte. Aachen, Rimbaud Presse 1985. 72 Seiten mit Porträt des Autors von Rolf Bongs als Frontispiz. Obrosch. mit Typografie u. Porträt des Autors. (Photomechanischer Nachdruck der EA von 1932)

206 - METTE, ALEXANDER: Gedichte / Darlegungen 1. Dessau, Dion-Verlag Liebmann und Mette 1925. 80 Seiten. Gelber Opbd. mit typografischer Titelei. Fliegender Vorsatz mit O-Holzschnitt von Otto Nebel (= Verlagssignet). Beiliegt ein Verlagsprospekt des Dion-Verlages

207 - MEYER, ALFRED RICHARD: Munkepunkes neue Lachlichkeit. [Gedichte] Chemnitz, Buchdruckerei Adam 1928 (Privatdruck für die Gesellschaft der Bücherfreunde zu Chemnitz). 36 Seiten. Obrosch. mit Fadenbindung. Umschlagtypografie und Buchgestal-

tung im Stil der Neuen Sachlichkeit, die in den Gedichten vom Autor mit leichtem Spott bedacht wird

208 - MICHEL, FRITZ: Fluren und Gesichte. Eine Lese. Jena, Landhausverlag o. J [wohl 1920 o. 1921]. 46 Seiten. Hellgeige Obrosch. mit Umschlagvignette und Titelei in blau u. gold. 3-zeilige hs. Widmung des Verfassers an Anton Schnack

209 - MICHEL, OTTO: Stern überm Abgrund. Neue Gedichte. Hanau am Main, Orion-Verlag o. J. [wohl 1932]. Mit gedruckter Widmung an Hermann Meister, Heidelberg. 40 Seiten. Signal-rote Obrosch. mit Titelschildchen. Auflage 200 Ex., hier die Nr. 12

210 - MICHELSOHN, NIKOLAI: Schlafkrankheit. [Gedichte]. Berlin, Kartell Lyrischer Autoren, Juli 1930. 16 Seiten. Als Manuskript gedruckt, Fadenheftung. Flugblatt 7

211 - MIHÀLY, JO [eigentlich Elfriede Steckel]: Ballade vom Elend. Stuttgart-Degerloch, Verlag der Vagabunden o. J. [wohl 1929]. Gedruckte Widmung an Leonard Steckel. 32 Seiten. Rote ill. Obrosch. mit typogr. Titelei.

212 - MÖLLER, EBERHARD WOLFGANG: Die erste Ernte. Gedichte. München, Verlag Albert Langen/Georg Müller 1935. 42 Seiten. Grüner Olnbd. mit Umschlag u. Rückentitel

213 - MOERING, DIEMAR: November. Verse. Berlin, Kurt Virneburg Verlag Der Aufbruch. 16 nn. Seiten. Ill. Obrosch. mit Klammerheftung. (Die Aufbruchsbücherei Heft 4)

214 - MOERING, DIEMAR: Die Muschel. Gedichte. Berlin, Verlag Die Rabenpresse 1932. 16 Seiten. Schwarze Obrosch. m. Klammerheftung u. Titelschildchen. (Die Schwarzen Hefte Bd. 3. Beiliegt Zettel mit hs. Absender des Autors u. 1 Verlagszettel

215 - MOERING, DIEMAR: Bis ins tausendste Glied. [Gedichte]. Berlin, Kartell Lyrischer Autoren, September 1930. 16 Seiten. Als Manuskript gedruckt, Fadenheftung. Flugblatt 9

216 - MOOSEN, INGE: Mit 20 Jahren. Gedichte. Mit einem Nachwort von Adriaan Viruly. Duisburg, Deutscher Brücke-Verlag 1932. 64 Seiten. Ill. O-Karton mit Kordelheftung nach einer Zeichnung

von Perely. Beiliegt eine maschinenschriftliche Rezensionsbitte auf Briefpapier des brit. Schiffes R. M. S. »Windsor Castle« mit dem Absender der Autorin. Innen neusachliche Gestaltung

217 - MÜNZ, ERWIN: Kriegsjugend. Gedichte des Primaners. Vorwort: Walter von Molo. Limburg-Lahn, Zwei Säulen Verlag o. J. [wohl 1932] 36 Seiten. Ill. Opbd., Entwurf Gustav Behre

218 - MYNONA [d. i. Salomo Friedländer]: Das Eisenbahnunglück oder Der Antifreud. Mit [10] Zeichnungen von Hans Bellmer. Berlin, Elena Gottschalk Verlag 1925. 188 Seiten. OHln. mit Deckel-Ill. (= Mynona-Porträt v. Bellmer). Die tollen Bücher, Band 2. Sammlung von 30 Grotesken mit frühen, noch von Grosz beeinflußten Illustrationen Bellmers

219 - NACHT, JOHANNES: Aphorismen. Berlin, Corvinus Presse 2000. Frontispiz-Grafik von Isa Kania. 12 nn. Seiten. Band 3 der Reine: Alles Verlegte findet sich wieder. Aufl. 111 Ex. Hier Nr. 70. (Nachdruck aus J. N., Pflugschar und Flugsame, Berlin 1922)

220 - NEUMANN, HEINZ: Auftakt. Gedichte. Berlin/Leipzig/ München, Kulturpolitischer Verlag 1933. 24 Seiten. Braune Obrosch. mit Deckelschildchen. Reihe Gegenwart und Zukunft, Band 5

221 - NORDEN, FRIEDRICH: Gedichte. Berlin, Verlag Der Aufbruch Kurt Virneburg 1928. 16 Seiten. Hellgraue Obrosch. m. Klammerheftung. Heft 6 der Aufbruchs-Bibliothek

222 - NORWEG, KARL HEINZ: Das ABC vom Asphalt. [Gedichte]. Darmstadt, Darmstädter Verlag 1931. 48 Seiten. Obrosch. mit Fadenheftung. Auflage 180 Ex., hier die Nummer 136. Die »einmalige Auflage« wurde »auf der Hand-Presse hergestellt«

223 - OPPENBERG, FERDINAND: Melodie der Zeit. Gedichte. Köln, Werkjugend-Verlag 1931. 16 nn. Seiten. Roter Pbd., Klammerheftung

224 - OSCHILEWSKI, WALTER G.: Auf Flammender Brücke. Die frühen Gedichte eines Knaben. Dessau, Karl Rauch Verlag 1924. 32 Seiten. Beiger ill. Opbd. mit [Gedichte aus den Jahren 1922 u. 1923]

225 - OSCHILEWSKI, WALTER G.: Sturz in die Äcker. Gedichte. Berlin, Verlag Die Rabenpresse 1932. 64 Seiten. Blaue Obrosch. mit Deckelschildchen. Die Blaue Reihe Band 4-7

226 - OSCHILEWSKI, WALTER G.: Gesang der Sterne. Ausgewählte Gedichte. Berlin, Verlag Die Rabenpresse 1935. 18 Seiten. Hellblaue ill. Obrosch. mit Holzschnitt von Frans Masereel. Die Neue Reihe Band 3. Beiliegen ein Werbeblatt der Rabenpresse und ein Flyer zu Johannes Nacht

227 - OSCHILEWSKI, IN MEMORIAM WALTER G.: europäische ideen Heft 67/68-1988. Sonderheft zu W. G. O. mit Lebenslauf, Briefen, Stimmen der Weggefährten u. 1 Porträtfoto. 126 Seiten

228 - OST, S. FR. [d.i. Frederick Ost, geb. 10.1.1906 in Schönbrunn; vgl. Kosch].: Asphalt. Zwei Balladen aus der Großstadt. Vermutlich ein Druck des Heim-Verlages Radolfzell 1931. 32 Seiten, gr.-8, auf Bütten, ohne Verlagsangabe

229 - PAESLER, HANNES: Nun stoßen wir zu neuen Ufern! Gedichte und Lieder. Waldenburg/Schl. Gruppe junger Künstler 1931. Mit 4 Zeichnungen des Autors, davon 1 auf dem vord. Umschl., 48 Seiten. Rote ill. Obrosch. Vorne vom Autor signiert, auf U3 5-zeilige Autorwidmung. Besitzvermerk von H. Schröter

230 - PAGEL, WILLI: Am Rande der Stadt. Idyllische Gedichte. Berlin, Waldemar Hoffmann Verlag 1935. Mit 5 Zeichnungen von E. Riefel, davon 1 auf dem Umschlag. 32 Seiten. Grün bedruckte ill. Obrosch. Gr.-8°

231 - PAQUET, ALFONS: Amerika. Hymnen/Gedichte. Leipzig-Plagwitz, Verlag Die Wölfe 1925. 78 Seiten. Farb. Ill. Opbd.

232 - PAQUET, ALFONS: Das Siebengestirn. Gedichte. Berlin, Verlag Die Rabenpresse 1932. 24 Seiten. Blaue Obrosch. mit Deckelschildchen, Klammerheftung. Die Blaue Reihe Band 10-11

233 - PETERS, GEORG ASSO: Der Regenbogen. Gedichte. München, Rudolf Schmitt Verlag o. J. [wohl 1935]. Hrsg. von Otto Lietz. 48 Seiten. Helle Obrosch. mit Deckelschildchen. 4-zeilige Widmung des Autors auf S. 1

234 - PFLUG, HANS: Singendes Blut. Neue Verse. Stuttgart-Cannstatt, Phaeton-Verlag 1919. 44 Seiten. Rote Obrosch. Reihe: Die Brücke. Bücherei neuer Autoren, Bd. 6. Beigelegt ein Faltblatt zum Autor

235 - PFEILL, KARL GABRIEL: Woge Blitz und Stern. Gedichte. Hamburg, Verlag Heinrich Ellermann 1942. Reihe: Das Gedicht. Blätter für die Dichtung. 8. Jg., 11. Folge, August 1942

236 - PHILIPP, WALTER: Im Zwielicht. Gedichte. Wien-Leipzig, Europäischer Verlag 1937. 32 Seiten, graue Broschur mit neusachlicher Umschlaggestaltung und Typografie innen.

237 - PIRKER, LOTTE: Das geraubte Ich und andere Grotesken. Mit einem Nachwort hrsg. von Maik J. Pluschke. Siegen, Universität-GHS 1997. 68 Seiten. Graue Obrosch. mit Klammerheftung (Vergessene Autoren der Moderne, Bd. 68)

238 - POLZER, JOSEPH: Leuchtkäferchen. Ausgewählte Gedichte. Stuttgart-Cannstatt, Phaeton-Verlag Alfred Kuhn 1920. 32 Seiten. Blaue Obrosch. mit Klammerheftung u. Titelschildchen

239 - PONS, PETER: Der große Zeitvertreib. Gedichte mit Bildern von George Grosz. Potsdam, Müller & I. Kiepenheuer Verlag 1932. 64 Seiten, gedruckt in der Berthold-Grotesk, durchgehend »reich illustriert«. Farbiger ill. Opbd. Gr-8°

240 - POTTNER, EMIL: Vögel am Wasser. Texte und Bilder nach Holzschnitten. Berlin. Alf Häger Verlag 1924 (Illustrierte Tiergeschichten, 2. Band). Ill. Hl. Ca. 40 Blatt, gr-8°

241 - RALL, GODWIN: Strom der Gegenwart. Gedichte. Berlin, S. Lesser Verlag 1930. 64 Seiten. Ganz-Ln. Mit zweifarbiger Titelei auf U1

242 - RALL, GODWIN: Natur und Mensch. Neue Dichtungen. Berlin/Leipzig/München, Kulturpolitischer Verlag 1934. 72 Seiten. Hellblauer O-Kart. mit Titelschildchen. Reihe Gegenwart und Zukunft Bd. 47

243 - RASCHKE, MARTIN: Winde, Wolken, Palmen. Lieder

eines Jungen. Berlin, Ziel-Verlag Herbert Schwengler 1926. 32 Seiten. O-Kart. mit Titelei. Gedruckte Widmung an Jutta Lucchesi

244 - RASCHKE, MARTIN: Zehn Gedichte. Hamburg, Verlag Heinrich Ellermann 1938. Reihe: Das Gedicht. Blätter für die Dichtung, 4. Jg., Folge 10, Juli 1938. 18 Seiten. Graue Obrosch. mit Klammerheftung

245 - [RASCHKE, MARTIN]: Martin Raschke (1905-1943). Chronik und Dokumentation. Zusammengestellt von Wilhelm Haefs. Dresden, Schriftenreihe der TU, Fak. f. Sprach- u. Lit. Wiss. Bd. 2, 1993. 55 Seiten. Gelbe Obrosch. mit Klammerheftung

246 - REUSCHLE, MAX: Begrenzung. Gedichte. München, Georg Müller 1930. 72 Seiten. OHln. Pbd. (schwarz mit goldener Titelei)

247 - ROEBER, FRIEDRICH MAX: Das Zigeunerkind. [Gedichte]. Stuttgart-Cannstatt, Phaeton-Verlag Alfred Kuhn 1920. 32 Seiten, Obrosch. mit Deckelschildchen. Reihe: Die Brücke XXXVII). Nr. 153 von 300 nummerierten Exemplaren. 3-zeilige Verfasserwidmung auf der Titelseite. Unten Verlagsangabe überklebt: »Im Sonnen-Verlag zu Zürich«

248 - ROEBER, FRIEDRICH MAX: Die schwarze Rose. Gesänge von einer versunkenen Welt. Rendsburg-Leipzig, Euterpia-Verlag 1922. 32 Seiten. Opbd. mit Buntpapierbezug und silberner Titelei. Aufl.: 500 num. u. sign. Ex., hier die Nr. 158. Gedruckte Widmung an den Lyriker u. Hrsg. Dr. Kurt Bock.

249 - ROMBACH, OTTO: Gazettenlyrik. Gedichte eines jungen Journalisten. Heidelberg, Merlin Verlag 1928. 84 Seiten. Obrosch. mit origineller Umschlaggestaltung (aufgedrucktes Titelschildchen über Zeitungs-Faks.)

250 - ROSIÉ, PAUL: Sing Sing – SINGSANG SONGS. Mit 13 Zeichnungen des Verfassers. Berlin-Grunewald, F. A. Herbig Verlagsbuchhandlung (Walter Kahnert) 1951. 1.-3.-Ts. 80 Seiten. Farbig ill. Opbd.

251 - [ROSIÉ, PAUL]: Paul Rosié (1910-1984). SING SING SINGSANG – SONGS. Mit einem Nachwort hrsg. von Peter Seel. Siegen, Universität-GHS 1991. (Vergessene Autoren der Moderne Bd. 52)

252 - ROTTER, KURT ERICH: Sterbende Träume. Gedichte. Wien, Druck und Verlag von Lamarque & Co. 1926. 32 Seiten. Opbd. mit Buntpapierbezug u. Titelschildchen. 6-zeilige Widmung des Autors auf S. 2

253 - [ROTTER, KURT ERICH]: Bemühungen. Der Weg eines Dichters, geschildert an Hand von Buchbesprechungen und Briefen. Kurt Erich Rotter zum 70. Geburtstag. Zusammengestellt und mit einem Vorwort versehen von Franz Georg Szabo. Wien, Augartenverlag 1976. 160 Seiten. [Mit zahlreichen Fotos aus dem Leben des Autors; ein Fotoporträt des Autors liegt lose bei, rückseitig von ihm datiert mit »august 1974«, dazu sein Stempel mit Namen und Anschrift]

254 - RUPP, RUPERT: Die brennende Erde. Gedichte. Saarbrücken, Druck und Verlag Gabr. Hofer AG 1933. 80 Seiten. Grüner Ganz-Lubd. mit ill. SU. (innen modernes, neusachliche Schriftbild)

255 - RUSCH, HEINZ: Rufende Landschaft. Gedichte. Berlin/ Leipzig/München, Kulturpolitischer Verlag 1934. 32 Seiten. Rote Obrosch. mit Titelschildchen. Beigelegt eine Bestellkarte des Verlages

256 - RUSCHKEWITZ, ERICH: Adlers Brauhaus bis Leichenschauhaus (Gedichte, Danzig 1929), in: Versensporn 27, Verlag Poesie schmeckt gut, Jena 2017, 36 Seiten, schmal-8°. Mit einem beigelegten Porträtfoto des Autors. Das Heft enthält alle Gedichte aus Rs einzigem Gedichtband und einige aus Zeitschriften d. J. 1923-1930

257 - RUTHART, ERNST [d. i. Ernst Wilhelm Kiefer]: An die Gegenwart. Zeitgedichte. Leipzig, Xenien-Verlag 1928. 32 Seiten. Leuchtend-roter O-Hlbd. Gedruckte Widmung an Friedrich Hirtler. »Geschrieben 1926«

258 - SAALFELD, MARTHA: Gedichte. Berlin, Karl Rauch 1931. 40 Seiten. Opbd. mit Titelschildchen. Beigelegt ein ill. Verlagsprospekt zu M. S.

259 - SAPPER, THEODOR: Alle Trauben und Lilien. Gedichte der Frühzeit. Wien, Europäischer Verlag 1967. Nachwort von Hertha Wittmann-Kirschbaum, München. 40 Seiten. O-GanzLn. mit

goldfarbener Titelei. Beigelegt ein Zeitungsausschnitt der FAZ zum Autor von 2006

260 - SAX, HANS: Ja. Verse. Mit einer Zeichnung von Manfred Pahl. 16 Seiten. Stuttgart-Cannstatt Phaeton-Verlag. Orange-rote Obrosch. mit Titelschildchen. [Reihe: Die Brücke. Bücherei neuer Autoren, Bd. 5. 4-zeilige Widmung des Autors auf U2]

261 - SCHÄFERDIECK, WILLI: Vom Ende einer Kreatur. [Prosa]. 16 Seiten. Berlin, Verlag Der Aufbruch Kurt Virneburg 1928. Blaue Obrosch. mit Deckel-Ill. von Paul Querchfeld. Heft 7 der Aufbruchs-Bücherei

262 - SCHAEFFER, ALBRECHT: Das Haus am See. Zwei Trilogien. Hamburg, Dürer-Presse 1934. 12 Seiten und 1 loses Blatt in dünnem Kartonumschlag. Das Gedicht. Blätter für die Dichtung. 1.Jg., 5. Folge, Dez. 1934

263 - SCHARFF, ERICH: Wandlungen. Gedichte. Wien. Europäischer Verlag 1979. 68 Seiten. Opbd. m. SU. [Neuauflage der Ausgabe Querfurt, Presse R. K. Jaeckel o. J. (wohl 1933)]

264 - SCHAUHOFF, HERMANN: In der Dämmerung des unvergeßlichen Tages. [Gedichte]. Berlin/Leipzig/München, Kulturpolitischer Verlag 1933. 32 Seiten, Obrosch. (Reihe Gegenwart und Zukunft. Eine Sammlung zeitgenössischen Schrifttums, Band 23)

265 - SCHEER, ADOLF: Traumstunden. Gedichte. München, Erwin-Natterer-Verlag o. J. [ca. 1930], 40 Seiten. Blaß-rote Obrosch. mit Titelschildchen. Auflage 300 Ex., vom Autor signiert. Hier die Nr. 296. Mit gedruckter Widmung an Otto Michel

266 - SCHIEDEL, RICHARD: Glut und Flamme! Aus dem lyrischen Gesamtwerk. Hrsg. u. m. e. Vorwort von Berthold Kitzig. Bretleben, Selbstverlag 1934. 48 Seiten. Orange-gelbe Obrosch. mit schwarzer Titelei.

267 - SCHIFFER, MARCELLUS: Kinder der Zeit. Chansons. Hrsg. u. m. e. Nachwort von Alan Lareau. Siegen, Universität-GHS 1991. 40 Seiten. Gelbe Obrosch. mit Klammerheftung [Vergessene Autoren der Moderne, Bd. 69]

268 - SCHIRMEIER, WALTER: Durch die Tage. Gedichte. Berlin, Erich Schmidt Verlag 1943. 30 nn. Seiten. Grauer Opbd. mit roter Titelei

269 - SCHLICHTER, RUDOLF: Drohende Katastrophe. Gedichte 1931-1936. Warmbronn, Verlag Ulrich Keicher 1997. 56 Seiten. Roter Opbd. mit schwarzer Titelei. Auflage 800 Ex. Gr.-8°

270 - SCHLÜTER, FERDINAND: Im Banne der Stunden. Verse. Stuttgart-Cannstatt, Phaeton-Verlag 1919. 56 Seiten. Gelbliche Obrosch. mit Titelschildchen. Auflage 300 Ex. Hier die Nr. 001

271 - SCHMID NOERR, FRIEDRICH ALFRED: Liebe du Lebendige. [Gedichte]. Hamburg, Verlag Heinrich Ellermann 1938 [richtig wohl: 1939]. 26 Seiten. Hellgraue Obrosch. mit schwarzer Titelei. [Reihe: Das Gedicht. Blätter für die Dichtung. Folge 4, Jan. 1939, 5. Jg.]

272 - SCHNOG, KARL: Zeitgedichte – Zeitgeschichte, von 1925-1950. [Gedichte]. Berlin, Allgemeiner Deutscher Verlag 1949. 168 Seiten. Grauer Opbd. mit Rückentitel und Titelei in schwarz

273 - SCHÖNSTEDT, WALTER: Motiv unbekannt. Roman. Berlin, Universum-Bücherei für alle 1933. 324 Seiten. Beiger ill. Ganz-Lnbd. mit Rückentitel und Titelei in braun. Einbandzeichnung von Werner Eggert [Band 132 der Universum-Bücherei]

274 - SCHUMANN, GERHARD: Fahne und Stern. Gedichte. München, Verlag Albert Langen/Georg Müller, 1934. 48 Seiten. Heller Opbd. mit Titelei u. O-Cellophanumschlag

274a – SCHWEINITZ, HELLMUT VON: Vom lachenden Leid. Gedichte und Skizzen. Berlin, Wir Verlag 1922. 20 Seiten. 4°. Geheftet in Holzschnitt-Handruckpapier und Titelschildchen mit einem Holzschnitt von J. B. von Joeden. Aufl.: 200 nummerierte u. signierte Exemplare, hier die Nr. XVI.

275 - SEELER, MORIZ: [Gedichte] in: Versensporn 24, Jena, Poesie schmeckt gut 2016. 36 Seiten. Ill. Obrosch. mit Klammerheftung. [Der Band enthält Gedichte aus »Flut« von 1937 u. bisher unveröffentlichte Gedichte.]

276 - [SEELER, MORIZ]: Am Sonntag in die Matinee. M. S. und die Junge Bühne. Eine Spurensuche von Günther Elbin. Mannheim, persona verlag 1998. 128 Seiten. Schwarzer Opbd. mit weißer u. roter Titelei u. Rückentitel.

277 - SEIDLER, GEORG: Gedichte. Berlin-Grunewald, Horen-Verlag 1928. 72 Seiten. Opbd. mit konstruktiver Ill. von Karl Peter Röhl. Beiliegen 2 Werbeblätter des Verlages

278 - SEIFFERT, KONRAD: Traum und Taumel. Berlin-Friedrichshagen, Verlag Neue Gruppe 1924. 20 Seiten. Buchblock liegt lose in rötlichem Klapp-Karton mit schwarzer Titelei.

279 - SEITZ, ROBERT: Herz in den Augen. Gedichte. Magdeburg, Karl Peters Verlag 1921. Nicht paginiert [ca. 60 Seiten], privater fotomechanischer Nachdruck

280 - SEITZ, ROBERT: Kashata. [Gedichte]. Berlin, Verlag Esters o. J. [1926]. 12 nn. Seiten auf dickem grauen Papier in Umschlag mit Kordelheftung. Schwarze Titelei. Auflage 100 Exemplare, hier ein nicht nummeriertes Ex.

281 - SEITZ, ROBERT: Tiere und eine Stadt. [Gedichte]. Berlin, Kartell Lyrischer Autoren, März 1930. 16 Seiten. Als Manuskript gedruckt, Fadenheftung. Flugblatt 3

282 - SEITZ, ROBERT: Tiere und eine Stadt. Wie vorstehend, jedoch privates Faksimile in rotem Kartonumschlag mit einem Original-Titelschildchen

283 - SEITZ, ROBERT: Die Jobsiade. Eine Schuloper. Text nach Karl Arnold Kortum von R. S. Musik von Wolfgang Jacobi. Berlin, Ries & Erler Verlag o. J. [wohl 1931]. 32 Seiten. Obrosch. mit blauer Titelei

284 - SEITZ, ROBERT: Überall her aus der Welt ... [Hörspiel]. Text von R. S., Musik von Alexander Ecklebe. Berlin o. J. Gebundenes Schreibmaschinen-Typoskript in grüner Obrosch. mit schwarzer Titelei. Mit zahlreichen Streichungen und Anmerkungen mit roten und blauen Buntstiften (vom Autor?). 43 einseitig beschriebe Blätter, 8°

285 - SEITZ, ROBERT: Der Antiquitätenladen. [Gedichte]. Berlin,

Verlag Die Rabenpresse 1932. 30 Seiten. Auf braunem Packpapier gedruckt. Opbd. mit Buntpapierbezug. Gr.-8°. Auflage 100 num. u. sign. Ex. Hier die Nr. 88. Gedruckte Widmung: Zum fünfzigsten Geburtstag des Dichters Munkepunke, d. i. Alfred Richard Meyer.

286 - SEITZ, ROBERT: Der Antiquitätenladen. Mit 6 Zeichnungen von Klaus Dipke. O. O., Verlag Neue Rabenpresse 1967. 20 Seiten, Blockbuch. (Das Kabinett I) Nr. 65 von 200 Ex., vom Künstler signiert. Obrosch. Neu-Ausgabe des Bandes von 1932

287 - SEITZ, ROBERT: Der Antiquitätenladen. Wie vorstehend, jedoch Nr. 98

288 - SEITZ, ROBERT: Bauernland. Novellen. Berlin, Wessobrunner Verlag 1932. 160 Seiten. Hell-beiger Ganz-Lnbd. Auf Vorsatz 5-zeilige hs. Widmung des Autors

289 - SEITZ, ROBERT: Der Leuchtturm Thorde. Roman. Berlin/ Wien/Leipzig, Paul Zsolnay Verlag 1935. 284 Seiten. Brauner Ganz-Lnbd. mit Rückentitel

290 - SEITZ, ROBERT: Wenn die Lampe herunterbrennt. Roman. Berlin/Wien/Leipzig, Paul Zsolnay Verlag 1938. 432 Seiten. Brauner Ganz-Lnbd. mit Rückentitel

291 - [SEITZ, ROBERT]: DIE KUGEL. Zeitschrift für Neue Kunst und Dichtung. Jg. I, Hefte 1 und 2 (alles Erschienene). Verantwortlicher Leiter des literarischen Teils: Robert Seitz; des künstlerischen Teils: Franz Jan Bartels. Magdeburg, Die Kugel 1919-1920. 2 Hefte, je 16 Seiten. Mit 13 O-HSen von F. J. Bartels, B. Beye, A. Bratfisch, M. Dungert, A. John u. O. Pohl. Texte von J. R, Becher, Th. Däubler, R. Seitz, E. Weinert u. a. Hier: Privater Faksimiledruck [Xerokopie, broschiert, schön]

292 - [SEITZ, ROBERT]: Heinz Kruschel: Robert Seitz, die KUGEL und kein Ast, auf dem ein Engel sitzt [mit einem Porträt von R. S. nach einer Lithografie von Bruno Beye], in: Der Fährmann 9, Almanach der Künstlerverbände des Bezirks Magdeburg. Magdeburg 1983. Seiten 20-25

293 - SESSELMANN, CELIDA: Haltestellen. Gedichte. Berlin/ Leipzig/München, Kulturpolitischer Verlag 1933, 66 (2) Seiten, Obrosch. mit Deckelschildchen. Reihe Gegenwart und Zukunft Bd. 30. 3-zeilige hs. Autorenwidmung und hs. Vermerk, daß das Buch vom See-Verlag Friedrichshafen übernommen wurde

294 - SIEMSEN, HANS: Paul ist gut. Erlebnisse. Stuttgart/Berlin/ Leipzig, Deutsche Verlags-Anstalt 1926. 188 Seiten. Grau-blauer ill. Opbd. mit ebenso bedrucktem SU

295 - SILBERGLEIT, ARTHUR: Der ewige Tag. Gedichte. Hrsg. von der Künstlerhilfe der jüdischen Gemeinde, Berlin, Kommissionsverlag Berthold Levy 1935. 32 + 8 nn. Seiten. Braune Obrosch. mit schwarzer Titelei u. SU. Hier Faksimile der EA mit einem Nachwort von Horst Bienek

296 - STAAB, LINA; Neue Gedichte. München, Heinrich F. S. Bachmair o. J. [1931]. 48 Seiten. Beiger Opbd. mit Titelschildchen. Auflage 400 Ex. Hier die Nr. 269

297 - STAAB, LINA: Der Quell. Gedichte. Hamburg, Verlag Heinrich Ellermann 1943. 16 Seiten. Buchblock lose in dünnem grauen Umschlag. [Reihe: Das Gedicht. Blätter für die Dichtung. 9. Jg., 6. Folge, März 1943

298 - STAHL, HERMANN: Gras und Mohn. Gedichte. Jena, Eugen Diederichs Verlag 1942. 68 Seiten. Roter Opbd. mit goldenem Titel und Rückentitel

299 - STEINBACH, WALTER: Proletarische Gedichte. Vorwort von Valtin Hartig. Leipzig, Ernst Oldenburg Verlag o. J. [1924]. 60 Seiten. Beige Obrosch. mit Titelei in schwarz u. rot. Gedruckte Widmung an Ernst Toller

300 - STEINBORN, WILLI: Johann Wegmacher. Erzählung. München, Verlag Albert Langen/Georg Müller 1935. 162 Seiten. Beiges Oln. mit Deckelschildchen

301 - STRAUB, AUGUST: Sah des Mondes Silbersichel. Gedichte. Berlin, Romantik-Verlag o. J. [ca. 1925]. 48 Seiten. Blaue Obrosch. mit silberner Titelei. [Reihe: Die Bücher der Lebenden, Band 8]

302 - STRAUB, KARL WILLY: Zwischen Gott und Welt. Neue Gedichte. Heidelberg, Verlag Hermann Meister 1930. 60 Seiten. Beige Obrosch. mit Titelschildchen

303 - STURMANN, MANFRED: Die Erben. Gedichte. Berlin-Grunewald, Horen-Verlag 1929. 80 Seiten. Blauer Halblein-Band mit rotem Rücken, goldene Titelei

304 - SULEK, WILLY: Menschen und Masken. Zagreb, Druckerei Narodne Novine 1936, O-Kart. 30 Seiten. Gedichte des deutschsprachigen kroatischen Autors, neusachlich und sozialkritisch

305 - TEICH, WALTHER: Gedichte 1914-32. Berlin/Leipzig/München, Kulturpolitischer Verlag 1933. 24 Seiten. Braune Obrosch. mit Deckelschildchen. [Reihe: Gegenwart und Zukunft Bd. 19]

306 - TEGTMEIER, KONRAD: Am Tor der Nacht. Die ersten Gedichte. Hamburg, Richard Hermes Verlag 1930. 24 Seiten. Obrosch. mit originellem Buntpapierbezug und Titelschildchen. Aufl.: 300 sign. u. num. Ex. Hier die Nr. 126. 4-zeilige Widmung des Autors von 1932

307 - THOOR, JESSE: Gedichte. Hrsg. u. m. Nachwort von Peter Hamm. Frontispiz: Fotoporträt des Autors. Frankfurt, Suhrkamp Verlag 1975. 120 Seiten. Brauner Opbd. mit Rückentitel, roter SU mit weißer Schrift

308 - THYRIOT, HANS: Magische Welt. Gedichte. Berlin, Propyläen-Verlag o. J. [1936]. 64 Seiten. Hellbeiger Opbd. mit Deckel- und Rückentitel.

309 - [TIMPE, PAUL]: Der Spiritisten-Klub aus der Bebelstraße oder / Aus den Notizen eines Neuköllner Trichinenjägers / von / Paule. Der parodistischen Bücherreihe »Flohzirkus« Erster Band. Verlegt bei Dr. Paul Timpe, Berlin-Neukölln (o. J.) O-Halblederband mit Buntpapierbezügen und Lederecken, farbiges Vorsatzpapier. 16 Seiten. Hs. nummeriert und hs. signiert: Nr. 15 / Dr. Paul Timpe. Titelblatt in rot und schwarz gedruckt mit einer Illustration in Rot (ohne Benennung des Künstlers). [6 kurze Prosastücke aus dem Berliner Milljöh der 1910er oder 20er Jahre]

310 - TRAUSIL, HANS: Die Landstraße zu den Sternen. Gedichte. Berlin, Elena Gottschalk Verlag o. J. [1923]. 52 Seiten. Opbd. mit Buntpapierbezug und Titelschildchen. Titelgrafik von Hellmuth Hauptmann. Gesetzt in der Unger Antiqua

311 - TRINIUS, BERNHARD: Die Passion. Schicksals-Gedichte. Berlin, Kartell Lyrischer Autoren, Mai 1930. 16 Seiten. Als Manuskript gedruckt, Fadenheftung. Flugblatt 8

312 - TUMLER, FRANZ: Das Tal von Lausa und Duron. Erzählung. München, Verlag Albert Langen/Georg Müller 1935. 94 Seiten. Gelber Pbd. mit SU

313 - UNGER, ERICH WALTHER: Ewig in Versuchung. [Gedichte]. Berlin, Wir Verlag 1924. 32 Seiten. O-Hln. mit Buntpapierbezug und Titelschildchen.

314 - URZIDIL, JOHANNES: Die Stimme. [Gedichte]. Berlin, Kartell Lyrischer Autoren, August 1930. 16 Seiten. Als Manuskript gedruckt, Fadenheftung. Flugblatt 7

315 - VESPER, WILL: Ruf in die Zeit. Sprüche und Gedichte. München, Albert Langen/Georg Müller 1937. 56 Seiten. Roter, bedruckter Opbd. [Reihe: Die kleine Bücherei] Vorne eine 3-zeilige Widmung des Autors. Absender-Adresse liegt auf einem Zettel bei

316 - VICTOR, WALTHER: Neuer Frühling. Gedichte. Hamburg, Verlag Auer & Co. 1921. 64 Seiten. Opbd. mit Buntpapierbezug und Titelschildchen

317 - VOGEL, BRUNO: Es lebe der Krieg! Ein Brief. Illustriert von Rüdiger Berlit. Leipzig-Plagwitz, Verlag Die Wölfe o. J. [1925]. Hier der Reprint des Verlages Klaus Guhl, Berlin 1978. Frontispiz mit Foto-Porträt des Autors von 1977. Nachwort von Wolfgang U. Schütte. 140 Seite. Gelbe Obrosch. mit Titelillustration

318 - VOGEL, BRUNO: Alf. Roman. Lollar/Lahn, Verlag Andreas Achenbach 1977. 240 Seiten, Ill. Obrosch. Reprint (= fotomech. Nachdruck) der EA von 1929. Mit einem autobiografischem Nachwort des Autors und 3 Fotografien (1917, 1933 u. 1977)

319 - VRING, GEORG VON DER: Südergast. Zwölf Gedichte und sechs Holzschnitte des Autors. Jever in Oldenburg, 1. Sonderdruck der EOS-PRESSE 1925. Hier ein unveränderter Nachdruck im Schöllkopf Verlag, Kirchheim unter Teck 1997 (= Vollfaksimile). 16 nn. Blätter. Hellgrüne Obrosch. mit Titelei und Grafik

320 - WAAS, JOHANN BAPTIST: Sinnbild der Landschaft. [Gedichte]. Berlin, Verlag Die Rabenpresse o. J. [1937]. 96 Seiten. O-Halbleinen, gelbe Pappe mit roter Titelei, O-U. Beiliegt ein Flyer zum Autor u. eine Verlagspostkarte

321 - WALDINGER, ERNST: Die Kuppel. Gedichte. Wien, Saturn-Verlag 1934. 124 Seiten. Oln. m. SU.

322 - WARSCHAUER, FRANK: Asphaltgesicht. Gedichte 1923-24. Hrsg. von Helmut Kreuzer. 28 Seiten. Siegen, Universität-GHS 2000. Ill. Obrosch. mit Klammerheftung [Reihe: Vergessene Autoren der Moderne, Bd. 73]

323 - WEBER, H[ERMANN] A[UGUST]: Überfahrt. Gedichte. Limburg-Lahn, Zwei Säulen Verlag o. J. [ca. 1920]. 42 Seiten, Obrosch. mit farbiger Ill. von R. Schoenfeld

324 - WEISS, ILSE: Gesicht und Maske. [Gedichte]. Berlin-Grunewald, Horen-Verlag 1929. 80 Seiten. Dunkelblaues Halbleinen mit rotem Rücken, Titelei in Goldschrift.

325 - WEISSMANN, MARIE LUISE: Das frühe Fest. Gedichte. Pasing bei München, Heinrich F. S. Bachmair 1932. 46 Seiten. Opbd. mit schönem Buntpapierbezug und Titelschildchen. Beiliegt ein Werbeblatt zur Autorin und ihren Gesammelten Dichtungen

326 - WEISSMANN, MARIE LUISE: Imago. Ausgewählte Gedichte. Starnberg am See, Heinrich F. S. Bachmair 1946. 112 Seiten. Gelber Opbd. mit zweifarbiger Titelei

327 - WEISSMANN, MARIE LUISE zum Gedächtnis. * 20.8.1899, † 7.11.1929. Pasing, Verlag Heinrich F. S. Bachmair 1932. 20 Seiten. Enthält ein Porträtfoto der Autorin, ein Widmungsgedicht von Roman Woerner, die Grabrede von Wilh. v. Schramm, eine Gedächt-

nisrede von Gottfried Kölwel, einen Erinnerungstext von Otto Heuschele und die Bibliographie. Auflage 800 ungez. Ex.

328 - WEISSMANN, MARIE LUISE: Ausgewählte Gedichte. Potsdam, Edition Grillenfänger Udo Degener 2010. 44 Seiten. Ill. Obrosch. mit Klammerheftung [Grillenfänger 8]

329 - WERNER, ALFRED: Gebet aus der Tiefe. Neue Gedichte. Wien, Verlag der Buchhandlung Fritz Sussmann 1936. 30 (2) Seiten. Ill. Obrosch. (Hans Felix Kraus). Aus der Reihe »Das blaue Kabarett«

330 - WESSE, CURT: Das erwachte Auge. Gedichte. Berlin-Grunewald, Horen-Verlag 1930. 72 Seiten. Dunkelblaues Halbleinen mit rotem Rücken, Titelei in Gold

331 - WILLE, HANSJÜRGEN: Mitmenschen. [Drei kurze Prosastücke]. Berlin, Verlag Der Aufbruch Kurt Virneburg 1928. 16 Seiten. Ill. Obrosch. mit Klammerheftung. Umschlagentwurf von Leon Schleifer. [Reihe: Die Aufbruchs-Bücherei, Bd. 8]

332 - WISSENBACH, ELSE: Der Bronnen. Neue Gedichte. Limburg/Lahn, Zwei Säulen-Verlag 1932. 72 Seiten. Schwarzer Opbd. mit goldener Titelei

333 - WITTNER, VICTOR: Sprung auf die Straße. Gedichte. Berlin, Verlag Die Schmiede 1924. 70 Seiten. Ill. OHln. Einbandzeichnung von Georg Kobbe. Gr.-8°. Beilagen 2 Zeitungsausschnitte (1 x von Otto Basil zum 50. Geb. von V. Wittner)

334 - WITTNER, VICTOR: Der Mann zwischen Fenster und Spiegel. Neue Gedichte. Berlin/Wien/Leipzig, Paul Zsolnay Verlag 1929. 96 Seiten. Blaues O-Ganzleinen m. goldenem Rückentitel

335 - WORM, HARDY: Das Hohelied vom Nepp. Chansons, Gedichte und Prosaisches aus den goldenen zwanziger Jahren. Mit Zeichnungen von Karl Holz. Hrsg. u. m. einem Nachwort von Wolfgang U. Schütte. Berlin, Buchverlag Der Morgen 1978. 408 Seiten. Ill. Weißes O-Ganzleinen mit rotem Rückentitel u. SU

336 - WORM, HARDY: Mittenmang durch Berlin. Streifzüge durchs Berlin der zwanziger Jahre. Berlin, Verlag Klaus Guhl 1981. 128 Sei-

ten. Ill. Obrosch. [enth. ein Foto-Porträt des Autors als Frontispiz und zahlreiche Fotos und Abb.]

337 - WORM, HARDY: Rund um den Alexanderplatz. Gereimtes und ungereimtes aus dem alten Berlin. Ausgewählt von Wolfgang U. Schütte. Berlin u. Weimar, Aufbau-Verlag 1981. 128 Seiten. Aufbau-Taschenbuch 475

338 - WORM, HARDY: Streifzüge eines Ironikers. Feuilletons, Geschichten und Gedichte. Hrsg. u. m. Nachwort von Wolfgang U. Schütte. Berlin, Verlag Tribüne 1982. 134 Seiten. Taschenbuch

339 - WOZAK, MARIA: Mensch und Landschaft. Gedichte. Berlin, Grote'sche Verlagsbuchhandlung 1933. 112 Seiten. Opbd. mit roter Titelei. [Hier der Reprint im Eigenverlag der Autorin o. O. und o. J.; sehr schöne Replik]

340 - WURZER, ANTON: Gottes Orgel durch den Wald. Gedichte. Hamburg, Verlag Heinrich Ellermann o. J. [1940]. 16 Seiten. Beigegraue Obrosch. mit aufgedrucktem Titelschildchen, Klammerheftung [Reihe: Das Gedicht. Hier o. Jg. und Jahr]

341 - [WURZER, ANTON]: Joachim Zeise, Anton Wurzer – Dichter und Werk. In: Die Oberpfalz, 71. Jg., Heft 7, Juli 1983, Seite 198-203. Ill. Heimatzeitschrift

342 - ZEMKE, GEORG: Die Gitter. Gedichte. Berlin, Verlag Der Aufbruch Kurt Virneburg 1928. 16 Seiten. Ill. rote Obrosch. mit schwarzer Titelei, Klammerheftung. Umschlagentwurf von Paul Querchfeld.

343 - ZEMKE, GEORG: Bannmeile des Lebens. Gedichte. Berlin, Verlag Die Rabenpresse 1931. 56 Seiten. Hellblaue Obrosch. mit silberner Titelei. Schmal-8°

344 - ZEMKE, GEORG: Atmender Strom. Gedichte. Berlin Corvinus Presse 1990. 30 Seiten, fadengeh. Obrosch. Nr. 119 von 150 Exemplaren, vom Autor signiert, auch vom Verleger Hendrik Liersch

345 - DASSELBE: Nr. 131 von 150 Ex.

346 - ZEMKE, GEORG: Schnapsier. Gedichte. Mit fünf Bildern von

Hannelore Teutsch. Berlin, Corvinus Presse 1993. 24 Seiten. Blockbuch. Obrosch. mit Buntpapierbezug und Titelschildchen. Auflage
160 + 30 Exemplare. Hier Nr. 43, von Zemke und Teutsch signiert

347 - ZERNATTO, GUIDO: Die Sonnenuhr. Gedichte. Leipzig,
L. Staakmann Verlag 1933. 64 Seiten. Schwarzes Oln. mit goldfar-
benem Rücken- und Deckel-Titel.

348 – ZERNATTO, GUIDO: Milde Ampel, kühler Stern. Gedichte.
Herausgegeben u. eingeleitet von Eugen Thurnher. Salzburg/Mün-
chen, Anton Pustet Verlag 1983. 152 Seiten. »Die Stifterbibliothek«
Neue Folge, Band 18

349 - [ZERNATTO, GUIDO]: Hans Dieter Schäfer, Getrennte
Wege nach der Machtergreifung. Elisabeth Langgässers und Martin
Raschkes »Neue Lyrische Anthologie« aus dem Jahre 1932. Mit
einem Hinweis auf Wilhelm Lehmann [und Guido Zernatto]. In:
Bewahren und gestalten. Darmstadt, Justus von Liebig Verlag 2009,
Seite 128-148 [135f.] Interessanter Aufsatz über diese Generation.
5-zeilige Widmung von Schäfer

350 - ZIMMER, FRITZ ALFRED: Fackelträger der Menschheit.
Lyrische Bildnisse. Heilbronn, Erich Kunter Verlag 1926. 88 Seiten.
OHln. mit schwarzen Rücken- und Deckel-Titel.

351 - ZOLLIKOFER, FRED VON: Über Maschinen das Licht. [Ge-
dichte]. Weimar, Erich Lichtenstein Verlag 1928. 64 Seiten. Opbd. mit
Buntpapierbezug u. Titelschildchen

352 - ZUCKER, HEINZ: Poet von heute. Gedichte. Berlin, Waldemar Hoffmann Verlag 1930. 64 Seiten. Ill. Obrosch. Umschlag nach
einer Zeichnung von Charlotte Jacob-Berlin

353 - ZWIEBACK, CASTOR [d.i. Theodor W. Adorno]: Prosa.
Hrsg. von Hans Wald [d.i. Karl Riha]. Siegen, Universität-GHS 1987.
24 Seiten. Graue Obrosch. mit Klammerheftung [Reihe: Vergessene
Autoren der Moderne, Bd. 15]

354 - ZUCKMAYER, CARL: Der Baum. Gedichte. Berlin, Propyläen-Verlag 1926. 64 Seiten. Grauer OHln. mit rotem Rücken und
schwarzer Titelei

355 - ALMANACH DER DAME. Fünfzig auserwählte Gedichte. Ohne Nennung eines Herausgebers. Auch das Geleitwort nicht gezeichnet. Berlin, Propyläen-Verlag 1935. 84 Seiten. Ill. Opbd. mit Deckel-Ill. von Hans Meid. [Enthält Gedichte von 38 Autoren, mit bio-bibliographischen Angaben]

356 - ALMANACH DER DAME. Zweite Folge auserwählter Gedichte. Ohne Nennung eines Herausgebers. Auch das Geleitwort nicht gezeichnet. Berlin, Propyläen-Verlag 1935. 88 Seiten. Ill. Opbd. mit Einbandzeichnung von G. Ruth. [Enthält Gedichte von 39 Autoren, mit bio-bibliographischen Angaben]

357 - ANTHOLOGIE JÜNGSTER LYRIK. Hrsg. v. Willi Fehse u. Klaus Mann. Geleitwort Stefan Zweig. Hamburg, Gebrüder Enoch Verlag 1927. 172 Seiten. Gelbes Ganzleinen mit orange-roter Titelei. 19 Autoren mit biographischen Angaben. Eine der maßgeblichen Anthologien

358 - ANTHOLOGIE JÜNGSTER LYRIK. NEUE FOLGE. Hrsg. v. Willi Fehse u. Klaus Mann. Geleitwort von Rudolf Binding. Hamburg, Gebrüder Enoch Verlag 1929. 172 Seiten. Graues Ganzleinen mit blauer Titelei. 20 Autoren mit biographischen Angaben. Maßgebliches Werk

359 - ANTHOLOGIE JUNGER LYRIK AUS ÖSTERREICH. Hrsg. von Friedrich Sacher. Geleitwort Richard Schaukal. Wien, Krystall-Verlag 1930. 196 Seiten. Gelbes Ganzleinen m. roter Titelei. [Enthält Gedichte von 28 Autoren]

360 - ANTHOLOGIE ÖSTERREICHISCHER LYRIK. Hrsg. v. Erwin Rieger. Darmstadt, Darmstädter Verlag 1931. 396 Seiten. Gelblicher Opbd. mit goldener Titelei. [Gedichte von 61 Autoren; knappe bibliogr. Notizen]

361 - BERLINER GEDICHTE. Hrsg. v. Kurt Lubasch und Emil F. Tuchmann. Berlin, Rütten & Loening 1987. 104 Seiten. Gelber Opbd. mit schwarzer Titelei. Unveränderte Neuauflage der 1931 von J. S.

Preuß, Berlin S 14, in dreihundert Exemplaren gedruckten Anthologie. Mit einem Nachtrag von Wulf Kirsten [Gedichte von 36 Autoren, mit bio-bibliographischem Anhang]

362 - BRUNNEN-GEDICHTE. Hamburg, Verlag Heinrich Ellermann. 16 Seiten. [Das Gedicht, Blätter für die Dichtung, 9. Jg., 8. Folge, Mai 1943. Gedichte von 13 Autoren]

363 - DAS HOHE LIED VOM FLUG. Erste Sammlung deutscher Flugdichtung. Hrsg. von Peter Supf. Berlin-Stuttgart-Leipzig, Union Deutsche Verlagsgesellschaft, Abt. Luftfahrtverlag G.M.B.H. o.J. [die Angaben in der Literatur lauten: ca. 1920, 1928, 1932]. Hellbeige O-Lwd. mit blauer Titelei

364 - DAS LEBEN. Eine Sammlung deutscher Dichtung. Hrsg. v. Victor Otto Stomps. Berlin, Die Rabenpresse 1934. Opbd. 148 Seiten. [Textidentisch (u. gleichen Satz) mit der Zeitschrift Der Weiße Rabe Jg. 2, Heft 5/6, 7/8, 9/19 und 11/12]

365 - DAS TOLLE ENTENBUCH. Hrsg. v. Bernhard Gröttrup und Hardy Worm. Vorwort von Hardy Worm. Berlin, Auffenberg-Verlags-GMBH 1933. 111 Seiten. Hier photomech. Nachdruck des Verlages Klaus Guhl, Berlin 1980 m. e. Nachwort (wohl von K. Guhl). Auflage der EA = 5000 Ex. [Anthologie mit Texten, Illustrationen u. Witzen aus der humoristisch-kritischen ZS »Die Ente«]

366 - DEM FÜHRER. Gedichte für Adolf Hitler. Hrsg. v. Karl Hans Bühner. Stuttgart, Georg Truckenmüller Verlag. 80 Seiten. [Gedichte von 47 Autoren]

367 - DER AMBOSS. Lyrische Anthologie. Hrsg. v. Hansgeorg Garrels. Emden, Nord-West-Verlag 1931. 79 Seiten. Obrosch. m. Buntpapierbezug und Titelschildchen. Beiträge von 22 Autoren, u. a. H. Eich, R. Habetin, Herbert Fritsche, W. Paulsen

368 - DER FISCHZUG. Eine [Gedicht-]Anthologie hrsg. v. Eberhard Heinatsch. Berlin, Verlagshaus Gutenberg 1926. 124 Seiten. Oranges Ganzleinen mit goldener Titelei u. Ornamenten. Enthält Gedichte von ca. 40 Autoren. Enthält Wohnorte der Dichter

369 - DER LYRIK EINE BRESCHE. Hrsg. v. Karl Rauch. Geleitwort von Rudolf G. Binding. Berlin, Karl Rauch Verlag 1931. 84 Seiten. [Zur Hälfte lyr. Anthologie, zur anderen Hälfte »Stimmen der Autoren, Kritiker, Junger Menschen«]

370 - DER STILLE HAIN. Eine Anthologie. Zusammengestellt und mit einem Vorwort von Helmut Burkert. Berlin, Wir Verlag 1922. 68 Seiten, ill. Obrosch. (mit hübscher Titelzeichnung) Enthält Gedichte von 6 Autoren

371 - DIE ANTHOLOGIE. Lyrische Flugblätter des Kartells Lyrischer Autoren und des Bundes Deutscher Lyriker. Als Manuskript gedruckt. Druckaufsicht Alfred Richard Meyer. 12 einzelne Flugblätter, Dezember 1919 bis Dezember 1930 [hier lose, nicht zusammengebunden. Orientiert an den Lyrischen Flugblättern von A. R. Meyer]. Autoren: George A. Goldschlag, Walter Petry, Robert Seitz, Gerda von Below, Bernhard Trinius, Hans Brandenburg, Nikolai Michelsohn, Johannes Urzidil, Diemar Moehring, Werner Bergengruen, Eugen Ludwig Gattermann, Theodor Kramer. Heft 2, Petry, fehlt. Einzeltitel nachgewiesen unter dem Autorenalphabet

372 - DIE AUSFAHRT. Ein Buch neuer deutscher Dichtung. Hrsg. v. Otto Heuschele. Stuttgart, Silberburg Verlag 1927. 276 Seiten. Rotes Ganzleinen mit goldener Titelei. Enthält Gedichte und Prosa von 33 Autoren. Außerdem Autoren-Notizen

373 - DIE ERNTE DER GEGENWART. Deutsche Lyrik von heute. Gesammelt von Will Vesper. Erster Teil. Ebenhausen bei München 1940. 400 Seiten. Rotes Oln. mit goldener Titelei. [Enthält bio-bibliographische Angaben zu den 93 Autoren]

374 - DIE LYRIK DER GENERATION. Eine Anthologie unveröffentlichter Gedichte 60 deutscher Autoren. Hrsg. u. eingeleitet von Jo Lherman. Berlin, Dreieck-Verlag Gerhard Fuchs. 64 Seiten. 4°. [Erschienen als Sonderheft der von W. Gutkelch herausgegebenen Monatsschrift »Das Dreieck«. Die Sammlung soll gem. Vorwort an die »Menschheitsdämmerung« von Kurt Pinthus anknüpfen]

375 - DIE SCHEUER. Eine dichterische Blumenlese herausgegeben

von Hans Eich. Heim-Verlag Adolf Dreßler, Radolfzell am Bodensee 1933. 78 Seiten, Ill. Obrosch. 29 Autoren, mit bibliographischen Angaben

376 - DRESDNER JUNGE DICHTUNG. Herausgeber: Curt Noch. Dresden, Vereinigung der Bücherfreunde 1930. 190 Seiten. Auflage 222 Ex., hier die Nummer 58. Halbpergamentband mit Buntpapierbezug, Rückentitel. [Gedichte, Prosa, Dialoge von 12 Autoren]

377 - DEUTSCHE GEDICHTE ZWISCHEN 1918 UND 1933. Hrsg. von Helmut Kreuzer in Zusammenarbeit mit Ingrid Kreuzer. Stuttgart, Philipp Reclam jun. 1999. 384 Seiten. Gelbe Obrosch. m. schwarzer Titelei. [Anhang mit ausführlichen Autorennotizen und Nachwort des Hg.]

378 - FUNKEN AUS GOTTES BRAND. Lyrik der Gegenwart. Heilbronn, Eugen Salzer Verlag 1935. 80 Seiten. Opbd. mit roter und schwarzer Titelei

379 - HERZ ZUM HAFEN. Frauengedichte der Gegenwart. Hrsg. v. Elisabeth Langgässer unter Mitwirkung von Ina Seidel. Leipzig, Voigtländer Verlag 1933. 168 Seiten. Hellblaues Halbleinen mit blauer Titelei. [Enthält Gedichte von 26 Autorinnen, mit bio-bibliographischen Angaben]

380 - HIER SCHREIBT BERLIN. Eine Anthologie. Herausgegeben von Herbert Günther. Nachdruck der Erstausgabe von 1929. 320 Seiten. Berlin, Fannei & Walz Verlag 1989

381 - GEDICHTE. Eine Anthologie junger Lyrik. Hrsg. v. Hanns Maria Braun. Leipzig/Strassburg/Zürich, Heitz Verlag 1933. 196 Seiten. Blaue Obrosch. mit goldener Titelei. [Gedichte von 15 Autoren m. bio-bibliographischem Anhang]

382 - JAHRBUCH JUNGER DICHTUNG. Band 1 Lyrik. Hrsg. v. d. Reichsstelle zur Förderung des deutschen Schrifttums. Bearbeitet v. D. E. Waldmann. Berlin, Schlieffen-Verlag o.J. [1934]. [Enthält Gedichte von 21 Autoren mit bio-bibliografischem Anhang]

383 - JUGEND. Anthologie jüngster Lyrik und Prosa. Band 1. Hrsg.

v. Wolf Schütze. Halle-Saale, Neuweg-Verlag 1933. 80 Seiten. Hellblaue Obrosch. mit roter Titelei. [Enthält Gedichte von 17 Autoren]

384 - JUGEND. Anthologie jüngster Lyrik und Prosa. Zweiter Band. Hrsg. v. Wolf Schütze. Halle-Saale, Neuweg-Verlag 1933. 136 Seiten. Orange Obrosch. mit schwarzer Titelei [enthält Gedichte von 41 Autoren; vielfach mit bio-bibliographischen Angaben]

385 - JUGEND IN FRONT VOR DEM LEBEN; Almanach der jungen Generation auf das Jahr 1933. Hrsg. v. Erich O. Funk unter Mitwirkung v. Dr. Otto Gillen im Auftrag der Notgemeinschaft junger Autoren, mit Nachwort von Otto Heuschele. Wiesbaden, Verlag Der Weg 1933. 264 Seiten. Beige Obrosch. mit neusachlich-konstruktiv. Titelei. [Enthält Gedichte u. Prosa von 51 maßgeblichen Autoren der Generation; ausführliche bio-biblogr. Angaben]

386 - JUNGE DEUTSCHE. Redaktion: Klaus Täubert. Heft 57 der ZS europäische ideen, 1983. 36 Seiten. Grün-weiße Klammerbroschur mit Titelei

387 - JUNGE DEUTSCHE DICHTUNG. Herausgeber: Kurt Virneburg und Helmut Hurst. Berlin/Zürich, Eigenbrödler-Verlag 1930. 488 Seiten. Lyrik u. Prosa von 102 Autoren m. bio-bibliographischem Anhang. Wichtige Anthologie der Zeit

388 - JUNGE DEUTSCHE LYRIK. Herausgegeben und eingeleitet von Otto Heuschele. Leipzig, Philipp Reclam jun. 1928. 246 Seiten, Anhang von 37 Porträtfotos der beteiligten Dichter mit Faksimile der Signatur u. bio-bibliographische Angaben (je Autor 1 Seite), 4 nn. Seiten Inhaltsverzeichnis. Roter Ganzleinband, goldene Titelei

389 - JUNGE MANNSCHAFT. Eine Symphonie jüngster Dichtung. Hrsg. v. Martin Rockenbach. Leipzig u. Köln 1924. 616 Seiten. Gelber Ganzleinen-Band mit zweifarbiger Titelei. Sehr viele Autoren umfassendes Kompendium

390 - JUNGE MENSCHEN. Eine Lyrische Anthologie. Hrsg. v. Axel Eggener. Hachenburg, C. Ebner Verlag 1932. 160 Seiten. Silberner Opbd. mit blauer Titelei. [Enthält Gedichte von 129 Autoren]

391 - JUNGOBERSCHLESISCHE LYRIK. Herausgegeben von Bruno Roemisch. Beuthen, Jungland Verlag 1928. Nicht paginiert. Rotes Oln. mit goldener Typografie. Gedichte von 9 Autoren der Jahrgänge 1904-1908, darunter Georg Skupin und Wilhelm A. Tkaczyk. Mit Wohnorten u. teils Berufen der Dichter

392 - KRISTALL DER ZEIT. Eine Auslese aus der deutschen Lyrik der letzten fünfzig Jahre. Herausgegeben u. m. e. Einleitung von Albert Soergel. Leipzig-Zürich, Grethlein & Co. 1929. 610 Seiten. Grünes Ganzleinen mit goldener Titelei. Umfangreiches Kompendium, nicht nur auf die Nachexpressionisten beschränkt

393 - KURZGESCHICHTEN DER JUNGEN DICHTUNG. [kein Herausgeber genannt, mit einem Vorspruch von Herbert Eulenberg.] Leipzig, Drei-Linden-Verlag 1931. 75 S. 8°. Gelber O-Karton mit Titelei u. Umschlaggrafik [Jugendstil-Anhauch]

394 - LIEDER DER STILLE. Eine Auswahl neuer Lyrik. Hrsg. von Edgar Diehl. Dresden, Wilhelm Heyne Verlag o. J. [ca. 1935]. 124 Seiten. Beiger Opbd. mit brauner Titelei. [Enthält Gedichte von 22 Autoren, darunter P. Huchel, Hannes Paesler, Fred von Zollikofer und 3 DichterInnen]

395 - LÖSE UND BINDE. Poetisches Taschenheft 1936. [Berlin], Verlag Die Rabenpresse. 32 Seiten. Blaue ill. Obrosch. mit Klammerheftung [Enthält Gedichte, Prosa, Abbildungen u. Fotos von Autoren der Rabenpresse]

396 - LYRIK DES EXILS. Hrsg. v. Wolfgang Emmerich und Susanne Heil. Stuttgart, Philipp Reclam jun. 1985. 512 Seiten. Gelbe Obrosch. mit schwarzer Titelei. [Mit ausführlicher Einleitung des Hrsg. u. üppigem bio-bibliographischem Anhang]

397 - LYRIK VERLEGEN IN DUNKLER ZEIT. Aus Heinrich Ellermanns Reihe »Das Gedicht. Blätter für die Dichtung« 1934-1944. Gedichte von 40 Autoren. Ausgewählt und eingeleitet von Christoph Perels. Mit einem Gesamtverzeichnis der Jahrgänge 1-10. 72 Seiten. Graue Klappenbroschur mit Titelei. München, edition spangenberg im Ellermann Verlag 1984

398 - MIT ALLEN SINNEN. Lyrik unserer Zeit. Herausgeber u. Vorwort: Carl Dietrich Carls, Arno Ullmann. Berlin, Rembrandt-Verlag 1932. 176 Seiten. Gelber Ganzleinband mit aufgedrucktem Titel- u. Rücken-Schildchen. [Gedichte von 45 Autoren]

399 - NEUE DEUTSCHE LYRIK. Eine Sammlung von Versen zeitgenössischer Dichter. Ausgewählt v. Ernst Planck u. Hermann Gerstmayer. Stuttgart, Baur & Gerstmayer Verlag 1918. 112 Seiten. Opbd. m zweifarbiger Titelei. Mit bio-bibliographischen Angaben zu den Dichtern

400 - NEUE KATHOLISCHE DICHTUNG. Gesammelt von Martin Rockenbach. München, Verlag Josef Kösel & Friedrich Pustet 1931. 184 Seiten + 32 Seiten Verlagswerbung.

401 - NEUE LYRIK von Max Amstein, Paul Ad. Brenner, Emil Gerber, H. W. Keller, Fritz Liebrich. Zürich, Rascher Verlag 1936. 80 Seiten. Hellbeige Obrosch. mit schwarzer Titelei in blauem ornamentalen Rahmen

402 - NEUE LYRISCHE ANTHOLOGIE. Hrsg. u. Vorwort von Martin Raschke. Dresden, Verlag Wolfgang Jess 1932. 112 Seiten. Rotes Ganzleinen m. goldenem Rückentitel. [Gedichte von 15 Autoren der Jg. 1900-1910]

403 - ÖSTERREICHISCHE LYRIK DER GEGENWART. Hrsg. v. Robert Brasch u. Rosa Schafer. Wien, Saturn-Verlag 1934. 120 Seiten. Gelbes Ganzleinen mit brauner Titelei

404 POETISCHES TASCHENBUCH. Ausgewählt und eingeleitet von V. O. Stomps. Berlin, Die Rabenpresse 1935. 112 Seiten. Gelber Pbd. mit roter Titelei [enthält Gedichte von 12 Autoren; zu jeden Autor ein Porträt-Foto u. bio-bibliographische Angaben

405 - POETISCHES TASCHENHEFT 1939. Berlin, Verlag Die Rabenpresse [1939]. 32 Seiten. Blaue Obrosch. mit Klammerheftung, schwarz-rote Titelei. [Enthält Gedichte und Prosa von Verlagsautoren, dazu Unterschrift-Faksimiles; im Grunde ein besserer Verlagsprospekt/-Almanach]

406 - SAAT UND ERNTE. Die deutsche Lyrik um 1925. In Selbst-auswahlen der Dichter u. Dichterinnen. Hrsg. v. Albert Sergel. Berlin/Leipzig/Wien, Deutsches Verlagshaus Bong & Co. 1924. 504 Seiten. Hellblaues Ganzleinen mit goldener Titelei u. Ornamenten. Umfaßt ca. 120 Dichter. Mit bio-bibliographischen Angaben zu den Dichtern

407 - STIMMEN DER JÜNGSTEN. Gedichtsammlung. Hrsg. v. Kurt Virneburg. Berlin, Verlag Der Aufbruch 1927. Ohne Seiten-zählung. Blaues Ganzleinen mit goldener Titelei. 8 Autoren mit Ge-burtsdaten, darunter M. Gorlin, Th. Kramer, Diemar Moering, Georg Zemke, Heinz Zucker

408 - TISCH DER SEHNSUCHT. Lyrik und Prosa aus dem heim-lichen Deutschland. Hrsg. v. Karl Rauch. Berlin-Zehlendorf, Karl Rauch 1932. 144 Seiten. Rotes Ganzleinen mit goldenem Rückentitel. [Gedichte von 17 Autoren]

409 - UHU. Das Magazin der 20er Jahre. Zusammengestellt und herausgegeben von Christian Ferber. Frankfurt/Berlin/Wien 1979. Nachdruck von Erstveröffentlichungen aus den Original-UHU-Bän-den von 1924-1933. UHU war damals ein Monatsmagazin, hier zu einer Anthologie eingedampft

410 - UM UNS DIE STADT. Eine Anthologie neuer Großstadtdich-tung. Hrsg: Robert Seitz, Heinz Zucker. Berlin, Sieben-Stäbe-Verlag 1931. 208 Seiten. Grünes ill. Ganzleinen m. ill. SU. Von Martin Wein-berg (neusachlich). Repräsentatives Kompendium mit Quellenanga-ben

411 - DASSELBE. Nachdruck Berlin, Friedrich Vieweg & Sohn Ver-lag 1976 [Bauwelt Fundamente, Band 75]

412 - VERSE VOM LEBEN. Eine moderne Anthologie. Herausgege-ben vom Kultur-Verlag E. Winterstein, Nürnberg o. J. [ca. 1930]. 152 Seiten [mit bio-bibliographischen Autorennotizen]. Enthält Gedichte von 15 Autoren

413 - VOLK AN DER ARBEIT. Gedichte. Ohne Herausgeber-Nen-nung; vermutl. Peter Diederichs, von dem das Nachwort ist. Jena, Eugen Diederichs Verlag 1934. 2. erw. Aufl. [11.-20. Tausend]. 72 Seiten [Deutsche Reihe Nr. 6]

414 - WIR. Eine Sammlung moderner Lyrik. Herausgeber: Erich Kunter. Heilbronn a. N., Verlag Ulrich & Kunter 1924. 144 Seiten, gelber Opbd. m. zweifarbiger Titelei. 71 Autoren, mit Lebensdaten

415 - WIR JUNGEN. Gedichte unserer Zeit. Eine Anthologie. Herausgegeben von Erich Kunter. Eingeleitet von Hans Pflug. Heilbronn, Verlag Otto Ulrich 1928. 96 Seiten. Roter Pappband mit Titelei. Enthält Gedichte von 33 Autoren

416 - BLÄTTER DER JÜDISCHEN BUCHVEREINIGUNG. 3. Jg., Heft 2, Berlin, Verlag Erich Lichtenstein, Sept. 1936. Lyrik-Sondernummer [privater Reprint]

417 - DAS FLUGBLATT. Herausgegeben von Felix Möschlin. No. 15 vom 9. Juli 1932. Bern, Verlag Feuz [Gedichte, Prosa, Grafiken]

418 - DAS INSELSCHIFF. Zeitschrift für die Freunde des Insel-Verlags. Für den Inhalt verantwortlich: Karl Weisser. Leipzig, Insel-Verlag o. J. Hier: Heft 4, 14. Jg. Herbst 1933 = S. 193-256.

419 - DER FREIHAFEN. Blätter der Hamburger Kammerspiele. Hrsg. von Erich Ziegel. Vorhanden: Jg. 7 Heft 4 o. J. [1924], 16 Seiten. Enth. u. a. Gedichte von [Rudolf Adrian] Dietrich und Ossip Kalenter. Jg. 7, Heft 6, o. J. [1924]. Enth. u. a. Gedichte von Gustav Gründgens und Ossip Kalenter

420 - DER HAIN. Vierteljahresschrift für neue Lyrik. Hrsg. v. Künstlerhain 1920, Leiter: Willy Schühle, Schriftleitung: Erich Worbs. Berlin, Wir-Verlag 1921. Hefte 1 bis 4, alle 1921, März, Juni, Sept., Okt. 4 Hefte, 1. Jg. [= wahrscheinlich alles. Hier privates Faksimile in grüner Brosch.]

421 - DER JUNGE KREIS. Eine kleine Zeitschrift. Berlin, im Selbstverlag der Mitglieder. Nr. 11, Mai 1926. Schriftleiter Carlfranz Callies, 12 Seiten und Nr. 10, Mai 1927, Schriftleiter Albert Hirte, 8 Seiten. Nr. 11, Juni 1927 siehe Günther Franzke, Nr. 86

422 - DER NEUEN JUGEND. Literarische Zeitschrift. Hrsg. v. Elisabeth Barth-Wehrenalp. Erster Jahrgang Okt. 1927 bis Sept 1928. 4 Hefte und eine Doppel-Nummer, fest eingebunden in blauem Leinenband mit goldener Titelei

423 - DER WEISSE RABE. Zeitschrift für Vers und Prosa. Hrsg. von V. O. Stomps. Jg. 2, Heft 1/2 vom 1.2.1933

424 - DER WEISSE RABE. Hefte 5/6-1933, 7/8-1933, 9/10-1933 und 11/12-1934: siehe Nr. 364

425 - DIE HOREN, Monatshefte für Kunst und Dichtung. Hrsg. v. Hanns Martin Elster und Wilhelm von Scholz. Berlin, Horen Verlag. 5. Jahrgang, Heft 1, 1928/29. 96 Seiten + 16 Seiten Werbeanzeigen. Beiliegt das Jahresverzeichnis für den 4. Jahrgang

426 - DIE KUGEL. Zeitschrift für Kunst und Dichtung. Siehe Robert Seitz Nr. 291

427 - DIE LEBENDEN. Flugblätter 1923-1931. Hrsg. von Ludwig Kunz. Mit einem Nachwort von Paul Raabe. 96 Seiten. Berlin, Rütten & Loening 1966. [Schöner photomechanischer Nachdruck der 22 erschienen Zeitschriften-Blätter mit einem bibliographischen Anhang = Verzeichnis der Mitarbeiter, Autoren u. bildende Künstler]

428 - [DIE LITERARISCHE WELT]. Zeitgemäßes aus der »Literarischen Welt« von 1925-1932. Herausgegeben von Willy Haas. Stuttgart, J. G. Cotta'sche Buchhandlung Nachf. 1963. 516 Seiten. Hellbraunes O-Leinen m. goldener Titelei. Fotomechanischer Teilnachdruck der Jahrgänge I-VIII

429 - DIE LITERATUR. Monatsschrift für Literaturfreunde. Hrsg. von Ernst Heilborn, W. E. Süskind. Stuttgart, Deutsche Verlags-Anstalt. Vorhanden: Heft 12, September 1931; Heft 3, Dezember 1931 (?); Heft 10, Juli 1932; Heft 4, Jan 1935; Heft 4, Jan. 1936.

430 - FORUM DER JUNGEN. Hrsg. von Erich Reinhardt. Magdeburg, Elynor Heidrich Verlag o. J. [1928]. Vorhanden: Heft 1 = 40 Seiten. Heft 2 = 40 Seiten

431 - KLINGSOR. Siebenbürgische Zeitschrift. Geleitet von Heinrich Zillich. Kronstadt, Klingsor Verlag. Vorhanden: Heft 11, 5. Jg. November 1928 = S. 401-440 + XVI Seiten Werbung. Heft 10, 8. Jg. Oktober 1931 = S. 365-404 + XII Seiten Werbung

432 - SIGNAL. Blätter für junges Schaffen; ab Jg. 2, Heft 6 (Nov./ Dez. 1930): Tribüne der Jugend. Wechselnde Herausgeber: Bernard Huffschmid, Georg Zemke u. Caspar Hardy. Wechselnde Verlage: Verlag der Aufbruch, Signal Verlag, Verlag »Die Rabenpresse«, alle Berlin. Vorhanden 15 Hefte aus dem Zeitraum [April 1929] bis Mai 1931. Jede Nummer 16 bis 32 Seiten stark. H. 1, Jan. 1931, 3. Jg. ist

eine lyr. Anthologie, darin ein Gedicht von Stephan Heym unter dem Ps. »Helmut Flieg«. [Interessante und informative Heftfolge dieser wichtigen ZS der jungen Dichter um 1930]

433 - STÖRTEBEKER. Wochenschrift. Hrsg. Paul Steegemann. 24 Seiten. Hannover, Paul Steegemann Verlag 1924. Hier die Nr. 1-1924. [Enthält ein Gedicht von Veit Spiegel u. Prosa von 5 Autoren, darunter Manfred Georg u. Theodor Lessing]

SEKUNDÄRLITERATUR

434 - BERLIN – ASPHALT UND LICHT. Die große Stadt in der Literatur der Weimarer Republik. Hrsg. v. Hermann Kähler. Westberlin, verlag das europäische buch 1986. 296 Seiten. Schwarzes Ganzleinen mit goldener Titelei u. ill. SU [Mit Fotos u. zahlreichen Porträt-Zeichnungen von Emil Stumpp]

435 - BERLIN PROVINZ. Literarische Kontroversen um 1930. Hrsg. Bernhard Zeller. Bearbeitet von Jochen Meyer. Redaktion Friedrich Pfäfflin. 128 Seiten. Marbach, Deutsche Schillergesellschaft 1988. [Marbacher Magazin 35/1985. Enthält viele Fotos u. Faksimiles]

436 - CARLO MIERENDORFF (1897-1943) SCHRIFTSTEL-LER, POLITIKER, WIDERSTANDSKÄMPFER. Hrsg v. Ull-rich Amlung, Gudrun Richter und Helge Thied. 96 Seiten. Marburg, Schüren Presseverlag 1997. [M. war Mitbegründer der Darmstädter ZS »Die Dachstube«. Der Band enthält viele Photos u. Faksimiles]

437 - DAMALS IM ROMANISCHEN CAFÉ. Künstler und ihre Lokale im Berlin der zwanziger Jahre. Hrsg. v. Jürgen Schebera. 142 Seiten. Leipzig, Edition Leipzig 1988. Braunes Ganzleinen mit wei-ßem Rückentitel u. ill. SU. Im Schuber. [Mit vielen Fotos u. Faksi-miles]

438 - DAMALS IN DEN ZWANZIGER JAHREN. Ein Streifzug durch die satirische Wochenzeitschrift »DER DRACHE«. Hrsg. von Wolfgang U. Schütte. Mit Erinnerungen von Hans Bauer, dem ehem. Herausgeber des »Drachen«. Berlin, Buchverlag der Morgen o. J. [1968] [Enthält Gedichte, Prosa, Feuilletons u. Abb. aus der ZS »Der Drache« (1919-1925) sowie umfangreiche bio-bibliographische Angaben zu den Autoren]

439 - DER »URACHER KREIS« KARL RAICHLES 1818-1931. Ausstellungskatalog. Konzeption und Katalog Hans-Dieter Mück. Hrsg. von der Stadt Bad Urach zur Ausstellung vom 24. August bis 22. September 1991. 244 Seiten. O-Klappenbrosch. Bad Urach 1991[ent-hält viele Fotos u. Faksimiles]

440 - DER BAMBERGER DICHTERKREIS 1936-1943. Leitung u. Herausgabe: Prof. Dr. Wulf Segebrecht. Begleitschrift zu einer Ausstellung der Staatsbibliothek Bamberg im Mail 1965. 240 Seiten. Rote Obrosch. [interessantes Kompendium mit zahlreichen Fotos u. Faksimiles]

441 - DIE FAST VOLLSTÄNDIGE GESCHICHTE DER RABENPRESSE. Begleitschrift zur Ausstellung der UB der FU Berlin Sept. – Nov. 2007. Hrsg. v. Hendrik Liersch. Berlin, Corvinus Presse 2007. 108 Seiten. Graue Obrosch. mit Fadenbindung u. schwarzer Titelei. [Enthält die bislang umfangreichste Bibliographie der Rabenpresse]

442 - »DIE KUGEL« – EINE KÜNSTLERVEREINIGUNG DER 20ER JAHRE. Spätexpressionistische Kunst in Magdeburg. Hrsg. v. Matthias Puhle. Magdeburg, Magdeburger Museen 1993. 80 Seiten. Ill. Obrosch. Begleitschrift zur Ausstellung im Kloster Unser Lieber Frauen von Okt. 1993 bis Jan. 1994. [Informatives Katalogbuch mit vielen Abbildungen, Künstler-Biographien u. Auflistung der Veranstaltungen der Kugel-Gruppe]

443 - ELISABETH LANGGÄSSER 1899-1950. Hrsg. Ulrich Ott. Bearbeitet von Ote Doster. Redaktion Friedrich Pfäfflin. 122 Seiten. Marbach am Neckar, Deutsche Schillergesellschaft 1999. [Begleitschrift für die Ausstellungen im Hess. StArchiv Darmstadt Feb.-April/1999 u. Schiller-Nationalmuseum Apr. - Juni/1999. Marbacher Magazin 85/1999. Enthält viele Fotos u. Faksimiles]

444 - INDUSTRIEGEBIET DER INTELLIGENZ. Ausstellungsbuch. Hrsg. v. Ernest Wichner und Herbert Wiesner. Mit Beiträgen von Ursula Krechel, Helmut Lethen u. Klaus Strohmeyer. Berlin, Literaturhaus Berlin 1990. 160 Seiten. Ill. Klappenbroschur mit Fadenheftung.

445 - JUNGE DEUTSCHE. Redaktion: Klaus Täubert. Heft 57 der ZS europäische ideen, 1983. 36 Seiten. Grün-weiße Klammerbroschur mit Titelei.

446 - LYRIK KOMMERZIELL. Das Kartell Lyrischer Autoren 1902-1933. Hrsg. v. Wolfgang Martens. München, Wilhelm Fink Verlag 1975. 188 Seiten. Ill. Obrosch.

447 - NEUE SACHLICHKEIT. Literatur im >Dritten Reich< und im Exil. Hrsg. v. Henri R. Paucker. Stuttgart, Philipp Reclam jun. 1974. 320 Seiten. Gelbe Obrosch. mit schwarzer Titelei

448 – [PRESSE ODA WEITBRECHT] Raamin Presse Roswitha Quadflieg 1973-1978. Mit einer Retrospektive der Presse Oda Weitbrecht 1923-1930. Wolfenbüttel, Herzog August Bibliothek 1978. Katalog Nr. 23 zur Ausstellung vom 11.3. bis 11.5.1978. Konzeption Adolf Flach. 48 Seiten. Weiße Obrosch. mit schwarzer Titelei

449 - UNTERM PULVERFASS GLIMMT NOCH DER ZUNDER. Eine Auswahl aus »Das Wort« (1923-1925) und »Proletarische Heimstunden« (1923-1926). Hrsg. von Wolfgang U. Schütte. Berlin, Verlag Tribüne 1979. 268 Seiten. Hellbeiges Oln. mit roter Titelei [Enthält Lyrik, Prosa u. Aufsätze von Autoren der beiden Zeitschriften sowie umfangreiche bio-bibliographische Angaben]

450 - V. O. STOMPS. VERLEGER, BUCHDRUCKER, SCHRIFTSTELLER. Antiquariatskatalog 53 des Antiquariats Constantin Post, Köln 1987. [Eine Auswahl 1926-1969 aus den Verlagen Rabenpresse und Eremitenpresse. Preisliste liegt bei.]

Titel-Nr. 1

Titel-Nr. 5

Titel-Nr. 13

Titel-Nr. 42

Titel-Nr. 70

Titel-Nr. 87

Titel-Nr. 98

Titel-Nr. 113

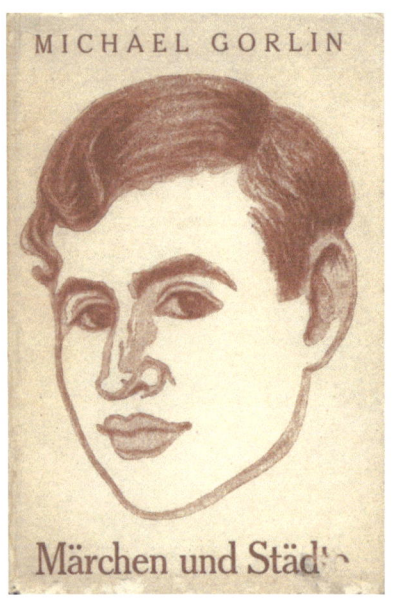

Titel-Nr. 115

Titel-Nr. 129

Titel-Nr. 160

Titel-Nr. 167

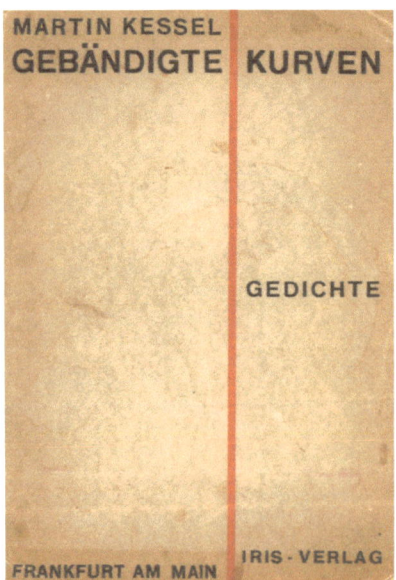

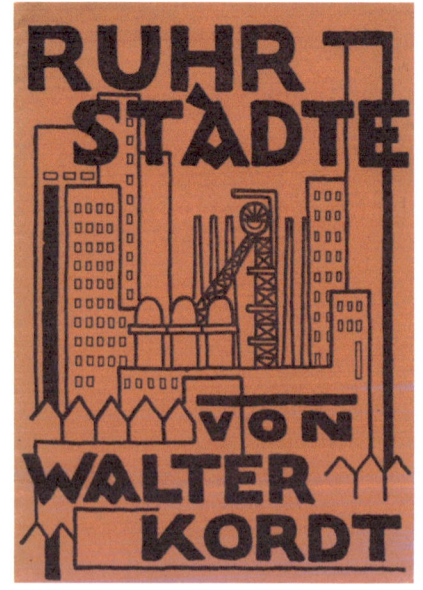

Titel-Nr. 176

Titel-Nr. 213

Titel-Nr. 207

Titel-Nr. 216

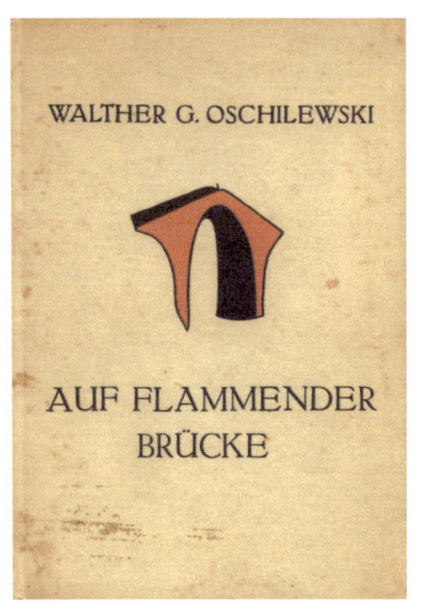

Titel-Nr. 224

Titel-Nr. 229

Titel-Nr. 231

Titel-Nr. 236

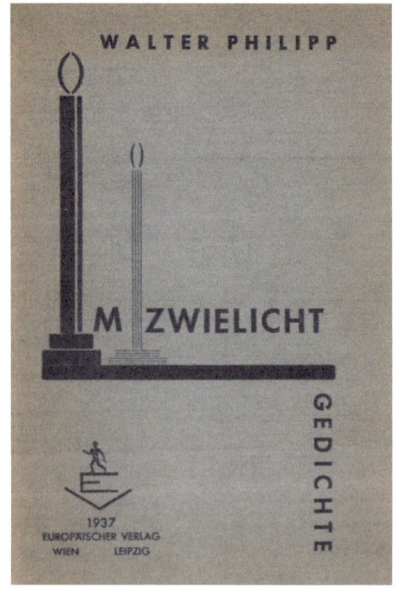

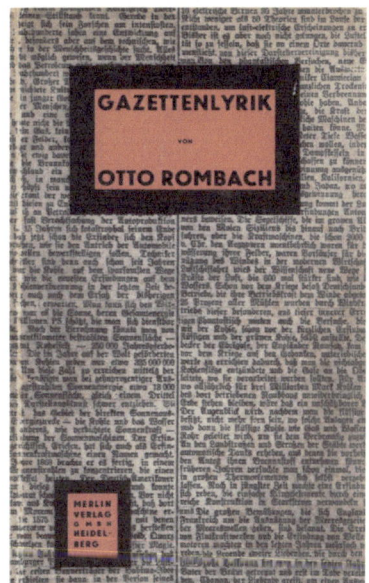

Titel-Nr. 239

Titel-Nr. 249

Titel-Nr. 261

Titel-Nr. 277

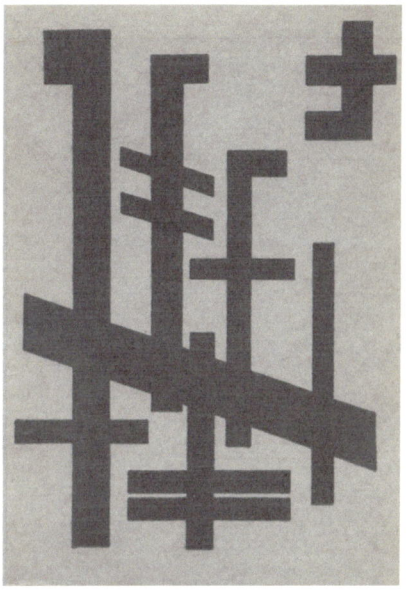

Titel-Nr. 294

Titel-Nr. 306

Titel-Nr. 333

Titel-Nr. 352

Titel-Nr. 354

Titel-Nr. 370

Titel-Nr. 385

Titel-Nr. 392

Titel-Nr. 410

Titel-Nr. 414

Titel-Nr. 417

Titel-Nr. 421

Titel-Nr. 423

Titel-Nr. 430

Titel-Nr. 432

Titel-Nr. 433

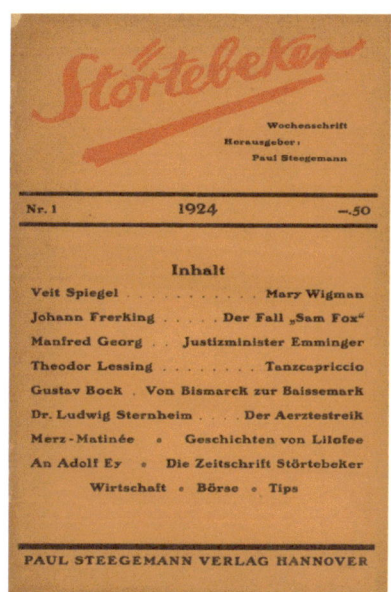

Editorische Notiz

Ich bin kein Antiquar und habe kein EDV-Programm zum Katalogisieren von Büchern. Ich bin auch hier einmal mehr Autodidakt. Ich habe die Buchdaten selbst aus den Büchern abgelesen (also nie übernommen) und sie in ein normales Word-Dokument eingelesen. Da ich die Abkürzungen für bibliographische Begriffe nicht verinnerlicht habe, kann es sein, daß ich ein und denselben Begriff nicht immer gleich abgekürzt habe. Auch sonst sind mir manchmal Abweichungen von dem unterlaufen, was bei Antiquaren üblich ist. Ich denke aber, daß alles aus sich heraus verständlich ist – und die Zeit, die es brauchen würde, der Bibliographie den Anschein völliger Professionalität zu geben, möchte ich lieber anders nutzen.

Über den Autor

PETER SALOMON, geboren 1947 in Berlin, lebt seit 1972 als Schriftsteller in Konstanz am Bodensee. 20 Jahre war er auch Rechtsanwalt. Seit 1969 zahlreiche Veröffentlichungen. Er ist Mitglied im deutschen PEN und erhielt 2016 den Bodensee-Literaturpreis. Zuletzt erschien von ihm: *Nichts ist so schwer wie Papier.* Gedichte, 2016. Und über ihn: *Peter Salomon. Porträts, Lesarten und Materialien zu seinem literarischen Wer*k, hrsg. von Klaus Isele 2014.

Reihe REPLIK

Herausgegeben von Peter Salomon

Als Replik-Sonderheft erschien 1997, herausgegeben von Manfred Bosch: »Welches Verfallsdatum haben wir heute. Ein Porträt des Dichters Peter Salomon als 50jähriger«.

Außer der Reihe: Manfred Bosch, Anne Langenkamp, Peter Salomon, Barbara Stark: »Expressionismus am Bodensee. Literatur und bildende Kunst« (2001)

Die von Peter Salomon vorbildlich edierte REPLIK bietet nach einem einführenden Essay literarische Kostproben, reich illustriert mit Fotos und Faksimiles zur Biografie des jeweiligen Autors. (...) Die geschmackvoll gestalteten Hefte der Edition Isele reanimieren tote Dichter, die es wert sind, wieder gelesen zu werden. (Michael Bauer, Süddeutsche Zeitung)

Edition Isele, Heidelstr. 9, D-79805 Eggingen, www.klausisele.de